马国川名家访谈系列之二

大学名校长访谈录

马国川

華夏出版社

序

关注大学校长

杨东平

记得几年前，我曾为另一本大学校长的访谈录作过序，题为《大学校长：一个值得关注的群体》。近些年来，这种关注不仅没有消减，反而还呈增加之势。它有两个不同的方向。当我们一说起“教育家”时，经常会不由自主地将目光转向过去，向蔡元培、唐文治、梅贻琦、竺可祯、张伯苓这些高山仰止的先贤致敬。当年他们关于“大学之道”的理念和实践，穿越历史时空，正在今天的校园里和书斋中回响。这种反思和重温来自当下的迫切需要，而且，对历史的反思越是深入，对现实的焦虑就越为深重。科技英才钱学森的辞世，留下了“为什么我们的大学培养不出杰出人才”的教育“天问”；而教育部部长易人的同时“引爆”了公众对高等教育的集体质疑。

面向未来的中国教育，必须破解钱学森的“天问”。教育的问题千头万绪，积重难返，虽然没有一个立竿见影、一抓就灵的办法，但是必须要有清晰的理念、目标模式以及解决问题的方法和路径。当我们关注优秀人才匮乏的时候，看到的往往是高校人才培养模式的弊端，但是如何教、如何学的问题，本质上应当是由教育家来承当的，而不是由政府来解决的。只要有一个教育家办学的体制，教育家自己可以解决教学过程中的问题，就好像农民知道该怎么种地一样，并不需要政府给他很多规定。这直接指向了实质性的教育体制改革。有感于当年大师办学的万千气象，“教育家办学”正成为当前教育改革的紧迫命题，这也是我们今天认识大学校长问题的关键所在。

作为一个社会群体，中国当代大学校长的形象和“谱系”令人关注。中国早期大学的校长，多是我们耳熟能详的大师。新中国成立之后，大学校长主要由两个不同的群体构成：一是前辈教育家和学者，如北京大学校长马寅初、中国科技大学校长郭沫若、南京师范学院院长陈鹤琴等等。二是党的高级干部，大多是党内的大知识分子和学者，如武汉大学校长李达、南京大学校长匡亚明、复旦大学校长杨西光等等；还有一些是政工干部，如北京工业学院院长魏思文等。在极“左”路线肆虐之时，他们大多努力依靠和保护知识分子，尽量减少“左”的干扰，而自己却在“文革”期间备受迫害，但在师生中却享有良好的声誉，为大学校园留下了许多佳话，成为特殊年代一段沉重而温馨的传奇。

改革开放初期，中断已久的“大师办学”的传统重新得以接续，如北京大学校长周培源、吉林大学校长唐敖庆、复旦大学校长苏步青、谢希德等等。但大师的身影毕竟渐行渐远。在新旧交替的历史进程中，一批知识分子干部走上了校长岗位。从党政干部办学到知识分子和学者办学，是一种实质性的历史进步。在上世纪八十年代的教育体制改革过程中，涌现出了一批真正的教育家，如华中工学院院长朱九思、武汉大学校长刘道玉、上海交通大学校长邓旭初、深圳大学校长罗征启、华中师大校长章开沅等，他们为改变计划经济和前苏联模式下形成的陈旧的、僵硬的教育模式，进行了勇敢而富有成效的探索，做出了难能可贵的贡献。世纪之交，大学校长的接力棒传到了更为年轻的一代人手里。在当代大学校长的行列中，我们仍然可以看到一些不同凡响、有理想、有追求的形象，例如特立独行的复旦大学校长杨福家、重视对工科学生开展人文素质教育的华中科技大学校长杨叔子，以拒不扩招、不建大校园传为美谈的中国科技大学校长朱清时等等，他们不仅成为高教风景中难能可贵的亮点，而且发人深省，使我们认识在大致相同的制度和政策环境中，教育家的个人努力、首创精神——所谓“教育家精神”——的独特价值。

对于新一代的大学校长，人们的期待和评论更多，不仅因为他们更为年轻，而且因为他们正在经遇一个前所未有的转型期。以1999年的高校扩招为特征，近十年来我国高等教育实现了“跨越式发展”，教育规模急剧扩大，教育机会也大幅度增加，已经进入了高等教育“大众化”的阶段。然而，也正是在这一进程中，“教育产业化”的发展模式，或曰教育发展的“经济主义模式”，在很大程度上损害了公办大学的公益性、公平性；日渐回潮的“官本位”和“行政化”，损害了现代大学作为研究高深学问的机构的学术性和创造性活力，大学的品质和公信力逐渐出现了问题。与此同时，中国大学不仅遭遇到了中国社会转型的危机，诸如市场经济、人口压力、劳动就业、腐败风气等各种矛盾的压力和冲撞，面对“80后”和“90后”的新生代，而且还面临着科技革命、知识经济、网络技术、大众文化等人类文明整体转型的共时性的挑战，需要我们以更大的智慧去适应变化、迎接挑战。

高等教育滞后于社会发展的严峻现实，急于赶超的高远目标，以及人们对当下教育的不满和批评，转化为对大学校长“超人”般的高标准：既要是学问家、教育家，又要是政治家，还要是公关专家和理财专家。而在教育行政化的过程中，我们是将大学校长主要作为官员来管理和评价的。因而，和前辈教育家们不同，当前大学校长的实际关注，主要是建设一流大学、重点学科等数量化的指标和校际竞争，主要是被体制所规定而非学术所引导，也不是从学生的实际需要出发。学术研究和行政管理的双重角色、党政关系二元格局的杆格，使得并非所有校长都能一展身手。《高教法》所规定的高等学校的办学自主权，在很大程度上也还没有落实。大学同时并行着官场、市场、学界的不同机制，大学校长的形象于是在学者、官员、企业家、政治家的多重影像之间逐渐模糊。

社会现代化是一个知识权威逐渐树立的过程，正是在这一过程中，大学从社会的边缘向中心移动，成为现代社会的“轴心机构”。现代社会的大学不仅是经济增长、科技发展的加速器，而且还是社会的文化中心、思想库和创造性源泉。正是在这个意义上，大学被称为是“社会的良心”、“世俗的教会”。诚如原香港中文大学校长金耀基所言：“从今天大学的情形差不多就可以看到未来三十年以后中国内地整个社会的情形。”因而，我们有理由对大学校长有更高的期许，毕竟，他们的胸襟、抱负、视野和作为，影响着中国的大学、中国社会的未来。他们最需要完成的是从学者向教育家的升华，最需要抵御的是从学者向官员的转化。

伴随着教育供求关系的日益宽松、教育投入的不断增加，教育的外部环境正在明显改善。今天我们已经比以往任何时候都更有可能去追求好的教育、理想的教育。对于高等教育而言，至少这一理想是清晰的：重建作为人类文明共同成果的现代大学制度，实行大学自治、学术自由、教授治校和学者自律，重新将大学还原成为一个学术共同体，从而重新焕发出中国作为一个文明古国和教育大国的学术活力和创造性才智。令人欣慰的是，这不仅是一种祈愿，而且新的实践正在悄悄地产生，正在筹办中的南方科技大学从一开始就是制度创新的产物，采用国际通行的大学校长遴选制度，产生了朱清时校长。南方科大的办学理念十分清晰：将克服中国教育的“癌症”——大学行政化作为重要目标，“把学校重新恢复成为学术机构，让学者们都去追求学术卓越，而不是追求行政晋升，崇尚真理而不是崇尚权力！”

当新一轮的南风北上，这一改革不仅限于岭南一地、不只于朱清时一人时，我们是否会看到与当下很不相同的清新风貌呢？

2009 年 12 月 27 日

目　录

章开沅

回归大学主体，回归教育本性

章开沅人物简介

章开沅，浙江吴兴人，1926 年 7 月生。1946 年入南京金陵大学历史系肄业。1948 年 12 月赴中原解放区，在中原大学政治研究室当研究生。1949 年随校南下武汉，在教育学院历史系任助教、教员。1951 年 9 月入华中大学（即今华中师范大学），在历史系先后任教员、讲师、副教授、教授等。1985～1991 年任华中师范大学校长。主要从事辛亥革命研究，兼及中国资产阶级、中国近代文化史研究，近年则致力于中外近代化比较研究。主要著作有：《辛亥革命史》（三卷本，与林增平共同主编）、《辛亥革命与近代社会》、《开拓者的足迹——张謇传稿》等。

采访手记

武汉是华中地区的教育中心，武汉大学、华中科技大学、华中师范大学则是武汉最有名的三所大学。更妙的是，每一所大学都有一座山，武汉大学有珞珈山，珞珈山的樱花是武汉春天最美的风景；华中科技大学有喻家山，那是武汉地区的最高峰；华中师范大学则有桂子山，其名字就引人向往，桂子山的桂花是武汉市秋天最醉人的景致。

很遗憾，我来到武汉时正值夏季，溽热的天气令人胸闷。可是一走进桂子山，树木古朴，环境清幽，顿觉清凉扑面，心旷神怡。徜徉其间，流连忘返。我曾经走过不少大学，发现好大学总是有令人流连忘返的好风景。当然，有好风景的大学不一定是好大学。一所好大学与一所普通大学的区别是什么？我认为，区别就在于提起前者人们就会想起一位校长，就像我们提到北京大学就想起蔡元培、提到清华大学就想起梅贻琦一样。在这个意义上，我们真的很难辨别，到底是一所大学成就一位校长，还是一位校长成就一所大学，华中师范大学作为一所颇负盛名的大学，它的名字就与章开沅联系在一起。

自从六十年前来到武汉后，章开沅就几乎没有离开过这所大学。

“本想当个跨马佩枪、文武双全的战地记者”的章开沅走上了治史的道路，三十年来他以史家直笔写下了数部在国内外产生广泛影响的皇皇巨著与百余篇专题论文，将中国的辛亥革命史研究推向了国际。作为一名历史学家，章开沅在上世纪八十年代中期将研究重心转向中国教会大学史。富有戏剧性的是，他在研究已故金陵大学历史系教授贝德士的档案时，竟然发现他在金陵大学读书时的这位美籍老师曾作为南京难民区国际委员会和南京国际救济委员会的发起者与负责人之一，亲眼目睹了南京大屠杀的全过程，并作了大量的实录与对外报道。章开沅首先将贝德士文献中有关日军南京大屠杀的内容写成《南京大屠杀的历史见证》一书，以大量的第一手史料，在国际上首次详尽地揭露了日军在南京所犯下的滔天罪行。该书一出，反响如潮。学界对他的历史正义感和学术贡献给予了高度评价。

在学子心中，章开沅不仅仅是一位德高望重的历史学家，他更是一位令人尊敬的教育家。在他担任校长期间，他让当时的华中师范大学在全国成为一所很有个性的学校。他给学生作报告一般不带讲稿，往往采用对话交流的形式，学生总是听得兴趣盎然。所以当时的许多学生多年之后仍能复述他的若干“佳句”。在他看来，每一个办学卓有成就的著名校长，大多具有较强的民主观念，至少是能逐步推行教授治校的，并努力发挥教职员工的积极性。与个人资质相较而言，应该承认制度更为重要。

章开沅认为，对于一所大学来说，深厚的文化积淀、独立的大学精神、源远流长的学脉，正是其闪烁的大学之光，它照亮民族、照亮人类。只要回想过去的一百年，学脉一再被摧折，大学精神数度被打压，就知道这位具有历史眼光的教育家的总结既有对历史的沉痛总结，也寄予着对未来的热切希望。

■

被中断的大学传统

马国川： 从简历上看，解放前您曾经在金陵大学读书。

章开沅： 1946 年我进入金陵大学读书。金陵大学是教会大学，很不错的一所大学。那时有一句话叫“北有燕京，南有金陵”，金陵大学是和北京的燕京大学齐名的。燕京大学培养了一大批新闻和外交人才。金陵大学在农学方面是最棒的，在台湾地区经济起飞期间台湾的“农复会”起了那么大的作用，其中很多是金大的校友。

马国川： 金陵大学和燕京大学都是私立大学。

章开沅： 南开大学、东吴大学也是私立大学啊，还有一些教会大学，这些大学都是办得很成功的，对国家的贡献也很大。遗憾的是，解放后都被国家统一接收了。

马国川： 您是金陵大学的肄业生？

章开沅： 我没有毕业就参加了革命，1949 年随着南下的大军来到武汉，在中原大学教育学院工作，也就是现在的华中师范大学前身。不久我就受到了批判。

马国川： 为什么？

章开沅： 当时办学强调政治思想教育为主，像党校一样办高校，真正的学科建设谈不上，基础理论也谈不上。在一次大会上我把这些意见说出来了，结果被批判为“否定党的教育路线问题”。那是 1950 年，压制批评就有了。后来我一直戴着一顶摘不掉的“世界观没改造好”的帽子。

马国川： 新中国成立之初进行大规模的院系调整，您亲历了当时的历史。

章开沅： 现在看来，大规模的院系调整问题很大，最主要是两个问题：一个是走苏联的道路，过分专业化，连课程都单一化；再一个就是把一些好的教会大学、私立大学完全收编为国有，而且将原有的公立大学也打乱了，包括北大、清华这样的学校都变成了专业性大学，旧传统完全断掉了，历史断裂了。上世纪八十年代刘道玉教授在武汉大学搞得那么有声有色，我是非常敬重他的，但实际上他搞的学分制啊，转系啊，等等，都是老大学固有的东西，我上大学就是这么过来的。

马国川： 遗憾的是历史被人为地割裂了。

章开沅： 后来我做了大学校长才体会到，历史上那些著名的大学了不起，尤其是那些著名的大学校长们真正了不起。他们当年的办学条件比我们差，困难比我们大，可以利用的资源比我们少，但是却能与众多教职员工同心协力、苦心经营，把学校办得各有特色，并且培养出一批又一批的优秀人才，在国内外赢得了与日俱增的声望。可以说，他们的生命与学校已经融为一体，而学校的声名正是他们与众多教职员工一起用心血浇灌而成的。所以，在人们的心目中，一所名校往往与一位或几位校长的名字紧紧联系在一起，如北京大学与蔡元培、清华大学与梅贻琦、南开大学与张伯苓、浙江大学与竺可祯、金陵大学与陈裕光、金陵女子文理学院与吴贻芳等。

■

学生是教育的根本

马国川： 从新中国成立开始，您一直在华中师大工作，1984 年您被任命为华中师大校长。

章开沅： 我是被选举出来的。当时进行教育改革，教育部派人来主持选举，不记名投票，实际上是民意测验。

马国川： 海选？

章开沅： 就是海选。选举完就把票收走了，后来就宣布我得票最多。学校里奇怪，我更奇怪，我当校长是历史的误会，我没有当过副校长，连系主任都没有做过，最大的"官"是教研室主任。我从来不想当校长，连系主任都不想当。我和教育部谈，当校长可以，但每周我要有两天的学术研究时间，不然我不干。教育部也答应我了。当然，后来一忙也顾不上学术研究了。那时候的经费没有现在这么多，发展不像现在这么快，办学条件很差，但是办学的大环境、办学的自主性比现在好得多。

马国川： 您上任后面临的是一个怎样的情况？

章开沅： "文革"中学校糟蹋得不像样子，可以说是山河破碎、满目疮痍。在湖北省委主持的大会上，有人建议我在会上讲讲打气的话，描绘描绘宏伟蓝图。我没有准备，不知道说什么好，最后勉强讲了几句，我说"我宁可站着倒下去，也不躺着混下去"。就这两句话打动了学校的很多中层干部，他们说，本来对你没有信心，但这两句话我们听进去了。

也有些人觉得章开沅肯定干不好，脾气不好，也没有行政经验。可是我当校长干得挺舒服的，政治我不在行，但有好意见我就吸收。我把大家的智慧集中起来形成一个目标，这个目标是看得见摸得着的，然后大家一起往前奔。一个校长有多大本事？就是要靠大家的积极性。

马国川： 您是以一个学者的姿态而不是以官员的姿态来治校的。

章开沅： 说不上，我有自知之明。当时我在学校内部讲，华师是"党委领导下的副校长负责制"。为什么副校长负责制？副校长比我能干，他们哪一个都做过很多行政工作，当然由他们负责。校长干什么？我协调他们，集中他们的智慧。

我做校长，与其说我是听上面的，还不如说我是听下面的。学生会主席都可以指导我。比如，我们举办大学生艺术节，这是武汉举办的第一个大学生艺术节，大部分工作都是研究生会协助校办做的，我没有起什么作用。

马国川： 听上面的还是听下面的，这是一个问题。大学校长到底应该对谁负责，这至今是一个没有解决好的问题。

章开沅： 我认为大学校长更应该对学校负责、对学生负责、对老师负责，而不只是对上面负责。对学生负责，就要倾听学生的意见，所以我经常到学生食堂与学生一起进餐，与学生聊天。我给学生作报告一般不带讲稿，往往采用对话交流的形式，学生虽然听得兴趣盎然，但我自己唯恐口无遮拦而可能给他们以某些误导，所以还是时常提醒自己讲话要注意。

我一直主张"以生为本"，把学生看做是教育的根本。教育离开了学生还讲什么呢？我自己从来都认为老师要把自己的位置放正，把学生放到很重要的位置上。一句话，就是互相依存。没有学生就没有老师，说"学生是老师的衣食父母"这句话或许重了，但一定要把学生放到重要的位置上。首先要把学生当做一个人而不是当做一个物。现在讲管理，最大的问题在于用管物的方法来管人，用管物质生产的方法来管教育。教育最重要的是教化，而现在教育行政部门则是想尽种种办法来制定繁琐的制度和指标。我提出过这样的意见，有些人就讲，没有这套指标，我们如何去管理啊？指标是应该有的，但重要的是，指标要合乎人性，而不仅仅是合乎物性。用管理企业的办法甚至是生产流水线的办法来进行学校管理，这是不可取的。

■

我们现在还有大学精神吗？

马国川： 1990年您卸去校长职务后到国外讲学，直到1994年才回国，那时国内的大学有什么变化吗？

章开沅： 我1990年到美国讲学，1994年回国。刚回来还没有到现在这个地步，这十几年发展得太快了，变化也太大了。1980年代的高教基本上是正常发展的，尽管体制、教学、科研等方面的革新步履艰难。但1990年代以后，"教育产业化"作为决策开始推行，仿佛高教一经形成规模宏大的支柱产业就可以财源滚滚，可以带动国民经济的发展。没有经过任何民主咨询，决策究竟有多少科学性也不得而知。1999年就从上而下仓促地敞开"扩招"大门，加上此前也是从上而下促成的高校大合并，一味追求扩展办学规模的浪潮开始形成了。

马国川：但是中国社会经济的迅速发展，难道不需要加速高等教育的发展以及不需要高等教育向大众教育转型吗？

章开沅：当然需要，但是无论从哪方面说，都不能以牺牲整体教育质量为代价，否则教育即令转化成了庞大的产业，但也只能沦为高成本、低效益和虚有其表的泡沫经济。不幸的是，高等教育开始进入新一轮"大跃进"，大学成为重灾区。紧接着又是在"跨越"号召下出现弥漫全国的"升级"热潮，中专升为大专，大专升为学院，学院升为大学，其实好多学校根本不具备升级条件。许多正规大学也不安于现有定位，甚至连"教学型与研究型"这样的双重身份都不满足，一定要往"研究型综合大学"蹿升，而已经具有"研究型综合大学"特殊身份的所谓"985"大学，又纷纷向"世界一流"挺进，真可谓有些热火朝天了。

大学内部的各系也不安于现有定位，纷纷争先把握这个千载难逢的"升级"良机，于是好多系、所上升为学院，个别系还分身为几个学院。有些研究所也不甘落后，自行提升为牌号甚大的研究院。某些"特大"大学由于下属学院太多，校领导管不过来，又在校、院之间设立"学部"，俨然泱泱大国气派。相形之下，原有许多系、所的地位则江河日下，往往自嘲为无非"教研室"而已。

马国川：那您认为在市场经济条件下，大学教育是否应该以市场为导向，或者您认为大学教育应该以什么为导向？

章开沅：我不是绝对地反对"教育产业化"，只是反对把"教育产业化"作为最高的追求和目标。因为教育不完全是个产业，也不应该完全成为产业。教育在很大程度上还是一种国家事业，是人民的一种权利。我不赞成以“教育产业化”为导向。与其说是市场导向，还不如说是社会发展的需要，这样可能更好一些。你全拉入市场里去了，没有买的我就不卖，怎么可能这样子呢？教育有很多东西是不经过市场的，比如德育。市场的需要是经常变化的，今年有这样的变化，明年有那样的变化，但学校有自己相对的稳定性。一些是社会的基本需要，像这样的基础专业，不管市场需不需要，都是必须要办的。特别是像文史哲这样一些学科，关系着国民素质、民族素质，甚至于民族精神的健康的延续，这就不能说市场需要我就办，市场不需要我就不办；即使市场完全不需要，我也要办。

不要把市场需要看做是金科玉律，一切都要跟着市场转。教育要作为先导，不仅是世风的先导，而且还要作为社会改善的先导。现在就是过分强调了学校服务于市场、服务于社会，但没有想到这个社会是不是健全的。学校要参与改造社会，学校还要掌握社会最需要的导向。我总认为，大学不要自己把自己贬低了，变成了市场的雇佣、社会的跟班。现在问题就出在这地方。

马国川：您认为大学精神是什么？

章开沅：我经常在想我们现在还有大学精神吗？今后大学精神的重建恐怕不是一两代人的真诚努力所能完成的。大学之光在于文化的积淀、精神的传承和学脉的延续。教育在任何时代都不能忽略前后传承与相对的稳定，因为教育本身具有人所共知的长期性与持续性的特点。教育必须适应社会的变迁，但是教育的发展又具有自己相对的独立性，有其绵延千年、衔接古今的内在规律。教育的个性在更多的时间里经常地表现为渐进式的积累以及作为其结果的“水到渠成”。对于一所大学来说，深厚的文化积淀、独立的大学精神、源远流长的学脉，正是其闪烁的大学之光，它照亮民族、照亮人类。

■

制度比校长更重要

马国川：现在当校长、当院长和上世纪八十年代不一样了。

章开沅：不一样。“文革”以前和“文革”期间，大学所受的是政治压力，种种的政治运动给你戴种种的政治帽子，比如“反革命”。现在没有了，但却是另一种压力，就是各种指标体系，各种各样的评审制，都是有含金量的。说到底其实就是金钱的压力。

马国川：与过去相比，现在的大学管理机构名目繁多，部门重叠，越来越像庞大而又复杂的官僚机构。

章开沅：这与我们原先提倡的“精简、效率、效益”的革新目标背道而驰。现在大学的行政化已经很厉害，再加上商业化，问题很多。

马国川：您认为现在的大学缺失了哪些优良传统？

章开沅：一个是传统文化的缺失。过去真正的民族精神没有传承下来。我们也学国学，但不是专门讲国学。过去大学一二年级读国文，“孔曰成仁，孟曰取义”，“读圣贤书所为何事？”这些都是很起作用的。现在这些都不讲，一味地炒作国学，但却把真正构成民族脊梁的元素丢掉了。历史上每次炒作国学都是一次倒退，都是对新文化的一种反动。

另外，好的革命传统也没有继承下来，这是很可怕的。革命也有好传统，比如“延安精神”倡导的勤俭节约，你看我们现在连个信封都不愿意多用一点，纸也不愿两面用。再就是跟群众打成一片。我做校长的时候，我经常到食堂和学生一起吃饭，到学校理发店理个发，很愉快。师傅跟你聊天，小青年跟你开个玩笑。我在学校里走过来走过去，年轻人见了面就问好，很温馨。现在不一样了。

马国川：根本问题还是体制问题。

章开沅：是的，好制度比好校长更为重要。比起好校长来，现在好制度更为缺失。强调大学校长在学校中的地位与作用，绝非提倡人治，更不是提倡家长制的独裁。对于大学来说，民主作风与学术自由具有同等重要的意义。每一个办学卓有成就的著名校长，大多具有较强的民主观念，至少是能逐步推行教授治校的，努力发挥教职员工的积极性。与个人资质相较而言，应该承认制度更为重要。任何优秀的校长总有自己的任期（或长或短）限制，但健全的行之有效的规章制度往往可以延续数十年。我在海外一些名校工作，深感规章制度相对稳定的重要，而严格遵守规章制度更为重要。我每到一所学校，开学伊始接受入校教育时间不过两个小时，主要是介绍学校重要的规章制度与自我维护权益，不像我们对新教职员工的岗前培训要花费三天乃至一周的时间，而且要花费很多时间“务虚”，接受思想教育。我常爱说的一句话是：“铁打的营盘流水的兵。”校园譬如军营，师生如同士兵，教职工（包括校长）和学生一批一批地来了，又一批一批地走了，如同连绵不绝的流水，但名校如同铁打的营盘，历经世变沧桑而长盛不衰，靠的就是一套人人必须遵循的合理的制度，光靠校长自身的聪明才智是治理不好大学的。

■

问题的根源在哪里？

马国川： *现在大学里存在很多问题，您认为根源在哪里？*

章开沅： 首先需要反思我们的教育量化指标体系。现在量化指标体系太多，然后运用这些指标体系来进行非常繁琐的而且无处不在的评估，再然后就是评审、验收，一个还没有完一个又接着来了，闹得大学里面就不能安安静静地、平平顺顺地办好教学。教育要改革，一是要回归大学本位，一是要回归教育本位。

其次，大学自己也要反省。也不能说什么问题都是体制的、体系的问题，或者都是社会环境的不好影响了我们，我们自己干什么？大学是什么？大学本身就是一种道德精神力量，大学为什么这么容易受到社会的影响呢？尽管现在的主政者已把大学的定位从精英教育改为大众教育，但大学（特别是著名大学）就整体而言仍然是培养人才的最高学府。因此，大学校园内风气的败坏，乃是最可怕的败坏，因为这必将影响一代新人的健康成长。

社会良心主要在大学，人类文明危机的问题，一些社会沉沦的问题，都需要教育工作者匡谬扶正，形成强大的、正义的社会声音。大学要明辨是非，坚持正确的，反对错误的，以自身的良好行为体现道德规范。大学要以正确的舆论影响社会。

马国川： 大学的自省很重要。教师不是孤立的人，他影响的是一批人，应该自觉注意自己的一言一行。

章开沅： 所以教育应该首先治疗自己，然后才能治疗社会、治疗全人类。

马国川： 现在大学里存在各种学术抄袭的丑闻。

章开沅： 真正的学者要具有超越世俗的纯真与虔诚。工作对于他们来说，奉献更重于谋生，其终极目的则在于追求更高层次的真、善、美。唯有如此真诚，才能不趋附、不媚俗、不出违心之言。我经常引用的一句诗是："治学不为媚时语，独寻真知启后人。"要保持独立的学者人格，必须明确治史为求真，是为保存民族文化，学术不是求名求利的私器。现在一些学者在学术上的堕落，抄袭还不是主要的，学术品格的堕落，是更大的问题。凡是存在的都是有根据的。因为社会一些不良的现象，就编造种种理论来稳固这些不合理的现象，这个比抄袭还可怕、还可恶。学风是世风的反映，学风又应成为世风的先导。学风随世风堕落，随波逐流乃至同流合污，是最可怕的事情。我是一个八十多岁的老人，经历了半个世纪以上的沧桑，我一直提倡树立良好的学风，学风应该成为世风的先导。我支持和倡议用各种方式揭露大学里存在的不良现象。

马国川： 学风问题越来越严重，已经到了非整治不可的时候了。

章开沅： 我不悲观，我不失望，我寄希望于青年。历史学家看过的东西太多了，经历的事情太多了，一个最重要的醒悟就是，各种事物特别是社会的发展都是经历过各种曲折、各种坎坷甚至是大起大落的，但最后总是往前走的。我对这一点深信不疑。另外，虽然包括少数学者、人文学科的社会科学家在内，跟利益相结合了，他们用自己的学术工作来追逐私利，好像是可以显赫于一时的，但他们不能持续于长久。一个人要有理想、要有抱负、要有自己的道德底线、要过好每一天，到临终盘点自己的时候可以说，我是清清白白的，那样才好。

■

回归大学主体，回归教育本性

马国川： *普通民众现在对大学很关注，对大学有诸多不满意的地方。*

章开沅： 孔子说“知耻近乎勇”。大学本来应该是道德精神比较高的地方，但现在大学里边已经不怎么讲礼义廉耻了。我现在最担心的和最痛苦的在哪里？过去认为理所当然的事情，现在成为不正常的了；过去不正常的，现在却成为理所当然的了。过去我是国务院学位委员会历史学科第一、二届评议组成员、召集人，学位评议真是很严谨，而且大家都有个怪脾气，越来巴结、走动最勤的人越是上不去，有一位名校的党史专家就是通不过。

马国川： *对于高教积弊，您认为该如何彻底整顿？*

章开沅： 我认为首先要对教育本身有一个正确的认知。教育的对象是人而不是物，教育者与被教育者之间需要良性的互动，而不是单向的“灌输”、“塑造”。教育的起点与归宿都是爱，都是人性的完善与提升。所谓“以生为本”，就是以人性为本。现今教育各方面的各项重大措施都名之为“工程”，实际上是忘记了人性不同于物性。学校不是工厂，教育更不同于制造业的生产流程。说到底，教育是细致的教化，而不是简单的制作。

把教师比喻为“灵魂工程师”未必完全贴切，但教育的根本毕竟是人格的养成，这已经是人所共知的常识。积六十年高教工作的亲身体验，我总觉得教育应该是慢工细活，教师更应像精心培育花木的园丁，必须按照植物的生长规律与季节的环境变化，循序渐进地从事本职工作，而最忌急于求成和揠苗助长。与其主观武断地通过行政命令推行一个紧接着一个的折腾大学师生的所谓的“创新”或“跨越”，倒不如让大学保持相对的安宁，也许顺乎自然的“萧规曹随”，这比什么“开辟新纪元”之类的豪言壮举更有利于高教的发展。从历史上看，无论古今中外，成功的教育改革往往都表现为渐进式的积累以及作为其结果的“水到渠成”。

马国川：“文革”以前就搞过教育革命，但一事无成。

章开沅：“文革”以前的多次急风骤雨式的群众运动，不仅未能实现“教育革命”的预期目标，反而严重损害了教育本身，特别是挫伤了众多师生员工的积极性。这个教训极为沉痛，我们应在新的历史条件下避免以新的形式重蹈覆辙。现在虽然不再有人公开侈言政治挂帅的群众运动，但是动辄以政府行为推行全国一盘棋的大举措，依然忽视教育的连续性与相对稳定性。政出多门而且朝令夕改，让许多大学无所适从。以前“教育革命”主要靠政治威权，现在却主要是靠“利益驱动”，以形形色色的各类“工程”与相应的“课题”、“项目”经费促成“跨越”导向。同时，又拟定各种繁琐而脱离实际的指标体系与评审程序，大学不得不迫于应付和顺从。

马国川：种种事实表明，在中国目前的教育管理体制下，大学的改革还有很长的路要走。

章开沅： 和国家面临的问题比起来，高等教育体制只是一个方面，只是病灶之一而已。在中国目前政治体制改革滞后于经济体制改革的情况下，只有靠党的领导。现在民主渠道比过去好一点，包括我们可以在网上发表一些不同的意见。不过，我们的力量还太小，声音太微弱，需要形成一种声音。现在已经证明了，正义的东西、正确的东西形成很大的声势后是会发挥作用的。

教育改革千头万绪，不容易改，也不能乱改，应该有步骤。但首先要有决心，如果大家都没有信心，那怎么改？我认为当务之急是两个回归：一是回归大学主体，一是回归教育本性。而关键首先是体制改革，让大学独立自主地按照教育自身的规律来办好教育。我深信，大学应该把握自己的命运，大学必须自我完善，大学也能够自我完善，大学的希望在于大学自身！

采访时间： 2009 年 6 月 26 日

采访地点：武汉 华中师范大学中国近代史研究所

王义遒

真正的一流大学要引领国家

王义遒人物简介

王义遒，我国波谱学和时间频标领域知名专家。1932 年生，浙江宁波人。1954 年北京大学物理系毕业。1961 年苏联列宁格勒大学物理系研究生毕业，获副博士学位。1985～1999 年任北京大学教务长、常务副校长。曾任教育部科学技术委员会副主任、教育部高校文化素质指导委员会副主任等职。在大学教学、科研和管理方面有许多建树和论述。主要著作有：《谈学论教集》、《文化素质与科学精神——谈学论教续集》、《文理基础学科的人才培养》、《湖边琐语》等。

采访手记

在采访南京大学原校长陈懿和华中科技大学原校长杨叔子时，他们都提醒我应该采访北京大学的王义道。

说实话，以前我没有注意到王义道其人。后来在网络上查询才知道他做过多年北京大学的常务副校长。我有些犹疑，因为这是“大学校长系列”，原来设想的是一律采访大学校长，所以我没有积极联系。钱学森先生去世不久，《中国青年报》上发表的一篇王义道的访谈引起了我的注意。王义道直言“我们现在这个时代，也许并不需要太多钱学森这样的特别杰出的人才”，立即引致众多媒体评论几乎清一色的挞伐，其言辞之激烈，攻势之迅猛，为近日之少见。但是仔细看完全文，才知道人们误会了王先生的本意。他不是说我们现在“并不需要太多钱学森这样的特别杰出的人才”，而是我们的时代只需要能把GDP搞上去的“人才”，要想出杰出人才只能期待下一代或者下下一代了，而那个时代必须是学术自由、科学至上的时代。了解了这一点，人们才算理解王先生不但不是糊涂人，反而是我们这个时代少有的清醒者。

因此，我对王先生的敬意大增。或许以前我太注意被采访者的声名而偏离了采访的本意——寻找教育上真正的清醒者，为中国的大学教育把脉问诊。

于是，我通过《中国青年报》的记者黄冲女士联系上了王义遒先生，在一个阳光灿烂的冬日的上午，在北京大学的图书馆前见到了王义遒先生。这是一个非常“土”的老人，身材矮小，衣着朴素，就像乡村集市中的一位普通农夫，难以想象他是一位杰出的自然科学家，主持研制了我国第一台原子钟；他是享誉中外的北京大学的教授，上世纪八十年代的北大教务长、九十年代的北大常务副校长。1985 年王义遒将只有 14 岁的小诗人田晓菲特招进北京大学，后来田晓菲 35 岁就当上了哈佛大学的教授，如今已是一位著名的中国古典文学专家，避免了“泯然众人”的命运。王义遒选人和识人之胆识，足以令今日的大学主政者汗颜。这位 76 岁的老人还开设了博客，一篇《钱老走了，呼唤一个时代!》的博文竟然有 12 万的点击量。更难以想象的是，这位非常“土”的老人还是一位摄影爱好者，他的摄影作品曾经登上了美国的《国家地理》杂志。

老人领着我走进图书馆，在入口处，他刷卡进去后招呼我赶紧跟进去，因为是一卡一人，而我没有卡。年轻的保安发现后，要我们站住，王义遒先生不好意思地解释了几句，保安才挥手让我们走进去。在图书馆四楼的一个办公室里，我和王先生面对面坐下，听他畅谈对大学问题的见解。两个多小时不知不觉地过去了，窗外是博雅塔的塔影，塔边的未名湖也快结冰了吧？望着老人的满头华发，我心生感慨：五十多年前他来到这座校园，从此再也没有离开过。他师从过王竹溪、周培源、饶玉泰、叶企孙等大师，而今这些大师都已远去，老人走在这座校园里，是否时时感到寂寞？

■

大学行政化

马国川：钱学森先生去世以后，《中国青年报》刊登了记者对您的采访《教育不能扭转乾坤，但不是说教育没有责任》，影响很大，也引起了很多争议。

王义道：钱老晚年最大的担心就是中国创新人才的培养问题。我是想回答这个问题的。现在我们确实没有出那么多杰出的人才，但是也不能说新中国成立以后就没有，还是出了一些，只是太少了。我认为，这不完全是因为教育的问题，教育有问题，但是更重要的根源在于整个社会环境。解放以后培养出来的人才很难出名，比方说“两弹一星”，具体工作大都是解放以后培养的人做的，但是他们出不了名，因为是人家领导下做的。而且说实话，“两弹一星”并不是我们的创造发明，人家早就有的东西，我们无非把它们移植过来，移植的过程中更多的是大量的具体工作。出名的主要是老一代的人。

马国川：这是实事求是的真话。

王义道：所以，新中国成立后毕业的人才的功劳不能忽视，他们做了大量默默无闻的工作。另外，“两弹一星”这一工程是庞大的组织工程，要求每一个环节都紧密配合，当时教育的要求也是每个人都要做好一颗螺丝钉。新中国成立以后的教育计划里都只说要“培养分析问题、解决问题的能力”，后来我才意识到这里有个大问题，它没有让人们“提出问题”来，似乎“提出问题”是领导的事。

马国川： 这是一个核心问题，光让人们有了问题去分析去解决，而不是提倡人们提出问题，而只有能够提出问题才能在科学上有创造性。

王义道： 把提出问题当成领导的事，不提倡人们提出问题，这是一个大弊端，一开始要求就降低了。当时为什么只提“培养分析问题、解决问题的能力”？根本原因在于大学的行政化。新中国成立后，我们不是把大学视为独立的学术自治体，而是作为教育行政部门的下属单位，大学没有了独立性。和以前比起来，最近这些年大学的行政化又大大加强了。我在学校领导岗位上工作时，要找一个人来做院长或系主任不容易，因为谁都不愿意做，怕耽误了自己的学术研究。而现在呢，学者都很愿意当官，因为只有当官才有特权和资源，有自己的项目、经费、场地和人员。这种风气如果延续，学校将来就会非常危险。

马国川： 为什么这些年大学的行政化反而更强化了呢？

王义道： 这跟社会上的权钱交易是密切相关的。当了系主任或者有其他职务就可以拥有特权，就可以获得很多资源，这对人们的腐蚀是非常厉害的。本来在上世纪八十年代大学就已经取消了行政级别，可是后来又把它加上去了，搞了那么多所谓的副部级大学。为什么现在的大学都贪大求全？因为如果是综合性大学，校长的地位、级别就提高了。我认为，在中国的高等教育院校里中科大办得是比较好的。什么原因呢？第一，中科大属于科学院，最初实行“所系结合”的教育模式，都是有真才实学的科学家来当系主任，他们的教育思想大体能够落实。而我们一般的高等学院里“政治挂帅”比较厉害，真正的科学家、教育家在其中所起的作用是不大的。第二，中科大地处安徽省，教育部、中科院、安徽省都可以管，但是也有些“三不管”的味道，相对来说，中科大处于一个比较独立超脱于政府的状况，比较能够按照教育教学和科学的规律办学。

意大利的博洛尼亚大学被认为是全世界第一所现代大学，1088 年成立的，1988 年我代表北京大学去参加庆祝它成立 900 周年的典礼。庆典礼最后发表了一个大学宣言，第一条就是“大学应该独立于政治、独立于政府”。我还犹豫能不能在上面签字，是请示了当时驻意大利大使才签字的。因为当时我们的党性比较强，大学还是有点为无产阶级政治服务的气氛的。早在 1986 年我任教务长时，我们就提出建“一流大学”了，当时北大校长是丁石孙。我们提出这个就是想给全校教职工设定一个向上的目标，激励一下人心。但是我们为此挨了批，因为我们没有提要建“社会主义一流大学”，没有表明阶级性。直到 1998 年北大百年校庆时，江泽民同志才名正言顺地把建设“世界一流大学”提出来，没有冠以“社会主义”的形容词。

马国川： 那时候人们还没有认识到，独立性是现代大学的一个原则。

王义遒： 当然，现在我们的思想解放了，能够理解大学独立的重要性了。从历史的角度看，二十世纪我们国家出人才比较多的是哪几个阶段？第一个阶段是北洋政府时期，军阀混战，思想控制比较薄弱，就有各种主义出来了；第二个阶段是二十年代末三十年代初，经济起来了，思想控制严起来，但是对学术的控制比较松；第三个阶段就是解放初，那时还没有那么多的运动，尽管有很多思想改造运动，对人文社会科学的影响比较大，但是对自然科学的影响小些，因为国家建设需要科学家，党的领导人比较信任他们，也比较尊重知识，尊重人才。我觉得就是这三个时期。

马国川： 其实 1978 年开始搞改革开放以后，也有一段时间应该是有条件的，但是后来由于种种原因，一切都没有跟上，并且还强化了原有的管理体制。

王义遒： 权力侵蚀大学，市场也侵蚀大学，这两方面都对学术、对教育造成了伤害，导致严重紧缩了人才成长的空间。

■

大学要“面向社会，适应市场”

王义遒： 大学要完全独立于社会、独立于政治，这不可能，但绝对不能依附。现代大学要明确责任，大学发挥什么作用，培养什么样的人，以及举办大学的理念是什么，都要明确。大学完全不跟政府、政治挂钩也不太可能。就拿哈佛大学来讲，哈佛大学通识课程的目的首先就是要灌输美国的价值观、世界观。

好多文章都说，大学有三个任务：培养人才、科学研究和社会服务。这是不正确的。第一个应该是教学。育人，培养人才是统帅性的，科学研究和社会服务都是为育人服务的。杰出人才是怎么出来的？必须在科学研究、社会服务的实践中培养出来的。服务社会是美国最早提出来的，因为美国有好多州立大学，州对学校是很支持的，大学要对州有所回报，为州的经济发展做贡献。我们也强调大学为社会服务，因为大学对国家的经济发展是负有责任的。现在有些人要把二十世纪初期的大学理念完全移植到今天，没有看到时代的发展，这也是不对的。大学既要保持学术独立性，但同时还要跟整个社会的目标结合起来，这样才比较全面。

马国川： 大学要有独立性，又不能够忘掉回报社会的责任。这些年有些学者之所以强调大学独立，某种意义上可能是矫枉过正了，其实大学也不可能完全脱离社会。

王义道： 服务社会主要是指服务于长远的、明天的社会目标，因为学生是服务于未来社会的；但也应当对当前的社会做出直接的贡献，例如对经济发展。美国斯坦福大学对硅谷信息技术的发展做了很大的贡献，这是大学三个社会功能的要求。但服务社会不是完全服务于眼前政治，更不能完全服从市场。

马国川： 怎样理解大学和市场的关系？

王义道： 上世纪九十年代初中国决定搞市场经济，我们就对这个问题进行了比较深入的思考。当时北大提出来大学要“面向社会，适应市场”。我们没有说“面向市场”，也没有说“大学要完全服务于市场”，因为市场有很多东西对学校是负面的。但是我们也不能不“适应市场”，生活在市场经济体制里，教师的工资跟人才市场不挂钩，我们能生存下去吗？另外，作为大学，除了培养市场需要的人才外，还要为国家的长远和社会、政治、文化、国防各方面发展培养人才。在这个意义上，大学应该引领社会。

马国川： 有人总认为“大学引领社会”是一种不切实际的过高要求，认为这是党和政府的事，要大学来承担是“超权”。

王义道： 所谓“引领”，当然不是政治领导。大学的引领作用，首先表现在它所培养出来的人才应当是未来社会的领袖人物、各行各业的领军人物；其次，大学应当提出领导时代潮流的创新的思想、理论和观念，有助于解决国家前进中的重大问题，引领时代进步潮流；第三，在科学技术上有重大创造发明，能促使科技、经济发生重要变革，能引导、开拓科学走向崭新的前景。教育是面向未来社会的，是为下一代人的，这就要求大学领导人要有政治眼光，要有长远的政治视野。如果大学校长没有政治眼光，没有一个政治视野，那么大学肯定办不好。美国哈佛大学校长怎么看问题？他从美国在世界上的地位和作用高度上看，有了这样的视野，才能对学校有一个准确的定位，才能知道学生将来怎么样顺应时代的变化和世界发展。

马国川： 政治眼光和政治手腕、政治权术完全是两回事。

王义遒： 不是说要大学校长做政治官僚，而是要有政治高度，有历史的眼光，能够看到世界发展的大趋势。美国办得好的大学都是从全球的眼光来看问题的，中国的大学也要有这样的要求。

马国川： 所以市场和大学的关系怎么界定是非常重要的。“面向社会，适应市场”，可能是给大学和市场的关系找到了一个比较恰当的边界。实际上这些年许多大学不是这样。

王义遒： 很多学校不能正确界定大学和市场的关系，这恐怕是和中国的社会转型有关系的。现在市场的东西对大学的侵蚀太多了。中国所有的学校都叫做大学，其实高等学校是一个谱系，有不同的层次，不可能要求所有大学的学生都要有非常宽阔的历史眼光，但是对要建成“一流大学”的学校应该是这样要求。相当多大学的学生具有正确的公民素养和一技之长也就可以了。

■

大学校长职业化

马国川：大学校长对一所大学很重要，在您看来，一所大学的校长应该具备怎样的素质呢？

王义道：一所大学的校长既要有大历史的视野，又要有管理才能。现在一所大学动辄数万学生，没有管理才能不行。当然，一流大学校长的要求更高，他们应该是洞察社会问题症结、深谙其诊治纲要的政治家，对社会前途富于想象力与充满前瞻的思想家。我非常佩服麻省理工学院的校长维斯特，他给人的感觉好像不是一名大学校长，更像是一位美国总统。他考虑美国的问题、世界的问题，考虑培养什么样的学生才能让美国领导世界。你要是一流大学，你培养的人是要领导国家的，所以你也要有国家的、世界的眼光。大学校长没有这个眼光，能培养出有这种眼光的学生吗？

马国川：您怎么看待“教授治校”？

王义道：我并不相信“教授治校”，教授每个人从他的学科要求出发，关心学科发展就够了，要他们站到学校领导的位置上关心整个学术发展，他们没有那么多的时间和精力，而且每一个教授都有自己的利益，都有所在学科的利益，都认为自己的学科是最重要的，学术委员会很难发挥其民主权利。所以我提倡的是“校长治校，教授治学，学生求学”，这是老北大校长蒋梦麟的话。不过，大学校长治校要充分听取教授们的意见，要民主。有的人说“教授治校”，实际上是指这种“民主治校”。

马国川： 现在国内一些大学成立校董事会的也不少了。

王义遒： 许多董事都是局外人，他们到底解决了多少问题？局外人是不行的，一定要局内人来管理学校。国外有的学校的董事会中不少是学校的举办人、创始人，他们是“局内人”，他们当然有明确的办学目的和目标，有责任心。资源总是稀缺的，怎么分配一定要有一个全局的考虑，所以治校需要公心，只能是学校的校长承担责任。校长一定要有学术的根基，而且能够站得高一点，比较超脱，同时要有历史的眼光。国外的大学校长不少是职业化的，行政和学术分开了。他们有丰富的管理经验，而且一旦担任校长就不再从事学术研究。我到欧洲参加过多次大学行政管理之类的会议，我出去都是以教授的名义，他们就奇怪：你做那么大的学校的教务长（当时我是教务长），需要管那么多事，怎么还能做教授呢？还要教书，还要做研究，你怎么有这么大的本事啊？

马国川： 我们现在要求大学校长就是这样，既能做校长，又能做研究，还能做学科带头人。

王义遒： 这一点可能和我们中国人几千年的封建观念、宗教观念有关。在西方，上帝之下万民平等。我们呢，习惯地把领导看成是全能的神，什么都高人一等。这些理念和现代社会格格不入，都是需要改革、需要改变的。

马国川： 学界对于大学现在实行的“党委领导下的校长负责制”也有很多批评。

王义遒： 上世纪八十年代的时候提出过大学实行校长负责制，有些学校在试行，包括清华大学。后来因为众所周知的原因，认为大学是搞资产阶级自由化的一个堡垒，要稳定，就又回到了党委领导下的校长负责制。可是，到底什么是党委领导下的校长负责制？党委领导，校长还怎么负责？说不大清。而且这种体制很容易制造矛盾，损害学校利益。我觉得，党委做政治领导，可以监督学校的政治方向，一般的教学科研应该由校长负责。

马国川： 应该找一个有公心、有责任感、有政治眼光、有历史视界的人当校长，可是怎么选出这种人来？这恐怕也是一个问题，现在实行的是大学校长任命制。

王义遒： 任命制是大学行政化的一个重要原因，被任命者当然要对上负责，而不是对学校负责。国外一些大学通过猎头公司在全世界物色校长人选，这是一个好办法。大学校长要形成一个职业。蒋介石的时候也是任命制，但他知道胡适在北大能够把持得住。当时著名大学校长的地位绝对不比教育部长的地位差，一些大学校长反而觉得教育部长是一个行政官员。西方国家也是这样，著名大学校长的地位不比教育部长低。

我们现在缺乏一个职业教育家群体。如果有这样一个群体的话，他们平常就会用校长的眼光来考虑问题。中国在这样一个转型期，需要一大批职业教育家持续地、长久地来关注教育问题。

■

自由的学术空间，宽松的管理体制

马国川： 在前面您提到，中国科技大学的经验是对它管得少，所以它出人才。现在的问题就在于管得太具体了。

王义遒： 管理体制上还是需要放权。有一段时间教育行政部门关心的事务太具体。上世纪九十年代我们就提出来了教学内容的改革，因为教材陈旧。比如说物理教材的体系基本还是二三十年代形成的，确实应该改了，但是改革教材需要非常宽阔的科学视野和深厚的学术修养，所以应该是科学院院士那样的教师们来讨论改革方案的，不能急功近利，没有三五年的工夫是写不出来的。但是教育行政部门却要抓教材，包括搞多少名师、多少名课都要管。

马国川： 名师是怎么出来的？不是评出来的，讲课好，学生愿意听，自然就成名师了。

王义遒： 教育行政部门也不说要管具体工作，但是它通过各种具体的措施让学校无能为力。教师、课程、专业等什么事情都要评审，大学也不得不疲于应付，要不断地汇报材料，搞包装，校长就没有精力去管理学校和思考学校发展，学校怎么搞得好？我们也要思考，为什么要集中各种各样的申报审批权？这种管理体制造成了很多问题。当然，这也不单是教育行政部门的问题，资源被各个行政部门分割，国家的钱变成部门的钱了。审批制对谁有好处？就是掌握权力的人有好处，这就不难理解为什么会出现那么多贪污腐败的案件了。这是整个国家管理体制的问题，不是教育行政部门，也不是一个大学能够应付的问题。

马国川： 确实如此，有的地方进步了，有的地方其实是退步了。上世纪八十年代因为国家没钱，部委也没钱，人们自己干去吧，反正不跟我要钱就行，结果大家的积极性都有了，自己干自己的事去了。现在国家有钱了，落到部门的腰包里来了，于是审批制反而更多了。市场经济进步了，但是管理体制却没有跟上。

王义道：管理体制改革其实就是政治体制改革。政治体制没有变化，很多问题改来改去就碰到“天花板”，就改不动了。在高校管理体制上，恐怕也有类似的问题。因为大学的诸多问题也是和政治体制紧密联系在一起的，大学没有办法独善其身，即使解决一些具体问题，可能走着走着也就走不动了。

马国川：至少有两个问题：一个是管理体制僵化，包括人才不能自由流动，成为单位功利的工具，不能发挥自己的潜能和优势；一个是官僚体制、行政化。

王义道：从学术上来看，从大学来看，我认为最主要的不是民主，而是自由。自由就是各种各样的思想和想法都能够表达，能够争论。有一位学者提出了一个观点，我觉得这个观点不对，就写了一篇文章，请研究生花了半年的时间做了很多数学推导。我把文章投给许多学术杂志都不给发表，说是你文章里面牵扯到别人了，这个事情你们“私了”吧！科学思想是在讨论和碰撞中产生的，可是我们不让碰撞，让“私了”。一个学术问题怎么能够“私了”呢？这怎么能激励学术思想似繁星般地迸发？

马国川：前一段时间我去昆明，专门到云南师大校园里去看了看西南联大的旧址，当时的生活条件非常艰苦，但是学者们学术交流的热情非常高，大家在一起写文章、互相辩驳。

王义道：没有学术自由讨论的环境，杰出的人才当然就不可能出来了。自由的学术空间和宽松的管理体制，是人才成长的必要条件。

马国川：有人说，大学的行政化是要不得的，但是目前不能取消。

王义道：应该看到，大学的行政化对中国的教育科学发展都是非常不利的，当然不可能“一刀切”，需要有一个过程，只是现在不能强化，而是要慢慢地削弱。

向西方学习还有很大的余地

王义遒： 在改革的同时，我们也不能忽视另一方面，就是有些东西我们应该守住。北大西门原来有一块日晷，是燕京大学留下的，上面用中英文写着“保守与改造”。这个思想非常宝贵，不是说所有的东西都要改变，在变化的过程中守住某些东西也是非常难的。

马国川： 尤其在中国社会大转型时期，有些东西能守住比要改革更难。比如说，上世纪二十年代中国大学就形成了许多好传统，后来我们坚守住了吗？

王义遒： 所以我现在有一点担心，我们不断地说改革，但千万不要把一些好东西给改革掉。包括人才培养，过去教育基础比较扎实，现在培养出来的人还能有扎实的基础吗？比较难。适应社会要求，大学应该多办，可是一段时间大学数量反而变少了，大学不断地扩大规模，说可以学科交叉。我在北大上学时是物理系的，和东方语言系的同学住在一个宿舍里，文理自然交叉。现在大学生增加了，分别住宿，谈何学科交叉？而且整个教育经费并没有相应地增加，大学规模扩大的背后隐藏着生均投资减少的问题。在这种情况下，教学质量要有很大的提高，可能吗？

马国川： 扩招是应该的，但是怎么扩招是一个大问题。比如说支持小学校慢慢变大，或者建设新学校，而不是说硬要把所有的船都连在一起，就说我也有“航母”了。

王义道：我主张大学多元化，大学要多元化，办学主体也要多元化，有国立的，有省立的，有市立的，有民办的，也有部门、行业甚至产业办的。举办者的目的不一样，就可以办出不同的大学，而不是大家都去建设“综合性大学”。

马国川：办学主体多元化，办学目的自然就多元化了，也就出现了不同的学校。现在看办学多元化其实还远远不够。

王义道：当前大家都争办“一流大学”，也是不可能的嘛！这跟我们的管理体制有关，它是大学，我也是大学，我为什么比它要低啊？现在办学权集中在教育行政部门，教育行政部门要求的一律化必然导致学校的同质化。如果教育是分权式的，各学校都有自己发展的权利呢，就不会趋同。西方先进国家的教育就是分权式的。我们向西方学习还有很大的余地，我们更多的还是要学习借鉴西方现代大学的成功经验，不能说以中国特色的名义拒绝和排斥。

我们可以简单回顾一下三十多年来我国大学的发展。1978 年我们探讨了很多大学应该怎么办的问题。1917 年蔡元培办北大，主张大学是做高深学问的机构，把科学和技术分得很清楚，这是欧洲模式。欧洲模式进入美国后，又有很大进步，美国把科学看成是促进经济发展的一个很强大的力量，把科学和技术结合了起来，这就是美国模式。美国有很多州立大学，都是为了促进当地经济发展而建立的。1925 年，我们的清华大学就是按照美国模式办起来的，可以说在上个世纪三十年代，中国从欧洲模式转向了美国模式。但到了解放后，我们开始学前苏联，等于又绕回到了欧洲模式，综合大学重新回到了“象牙塔”。改革开放后，我们发现前苏联模式有很多问题，比如过分强调专业教育，专业划分过早，口径很窄，学生毕业后只能从事狭隘的专业工作。上个世纪八十年代以后，北大理科出来的学生很难从事专业对口的工作。我国推行市场经济之后，原有的办学模式很难适应。1988年，北大提出教学改革的“十六字方针”，即“加强基础，淡化专业，因材施教，分流培养”。现在差不多成了全国大学的方针了。

马国川：可以说，这三十年我们大体上又回到了美国模式上。

王义遒：美国的教育体制应该说是比较先进的。美国变成世界一流的国家，和它的教育体制是很有关系的。但是也不能完全照抄美国，我们的文化传统不一样，中学教育也不一样。但是有一点，以国情不同为借口完全拒绝外国的成功经验，绝对是错误的。

■

大学是一个国家科学文化的标志

马国川：有人说，中国经济这么成功，将来会成为世界一流的经济强国，同样也会成为世界第一流的教育强国。

王义遒：这种说法恐怕没有道理，经济增长并不意味着教育进步。必须要解决一些问题，如果这些问题不解决，我觉得前景很不乐观。盲目乐观是要不得的。西南联大时期的经济条件比现在差多了，可是出了那么多杰出人才，能说现在的教育体制比那个时候先进吗？恐怕不能这么说。教育还有很多问题要解决，如果不解决，不但提供不了足够的人才，而且经济也很难得到持续的支撑。

马国川：记得有人说过，“可以相信，美国二十年之后还是世界一流强国，因为美国大学培养出来的是一流人才”。

王义道：我有个观点：如果一个国家离世界一流水平太遥远，这个国家就不会出世界一流大学。如果这个国家的大学是一流的，那么这个国家一定也是一流的。大学是一个国家科学文化的标志，真正的一流大学要能对国家起到引领作用，一流大学的水平和高度应该代表这个国家的水平和高度。美国最大的优点是它能够吸引世界一流的人才，中国呢？现在国内一些大学也有很多外国留学生了，可是他们学习的是汉语之类，这不算，什么时候他们学习的是我们的科学和典章制度，学成以后按照中国的做法办，这才是真正的一流大学呢。唐朝时期有很多日本留学生来长安，主要是学习中国的典章制度，学习中国的先进经验，而不是为了赶时髦学中国话回日本去炫耀的。什么时候留学生来中国学习科学技术、学习典章制度，就可以说中国的教育是世界一流的了。一流的国家能够把世界一流的学生留下来。

马国川：对我们来说首先还不是吸引留学生的问题，而是如何留住自己的优秀学生的问题。一位大学校长对一位院士说，把你在海外的学生引进来吧，院士拒绝了，他说，叫他们回来可以，待遇上可能能跟上去，但学术研究环境、条件能跟上去吗？如果两个学生，一个回来一个留在国外，五年之后回国的出不了成绩，留在国外的学术上已经一大堆成果了，岂不愧对学生？

王义道：钱是很重要的，但光有钱不行，主要还要有科研环境。我们在世界顶尖的领域里，还与别人有相当大的差距，恐怕是整个氛围和环境的问题。现在不断有海外人才引进来，但目前的学术环境不改变，可能很难让他们自由地发挥长处。很多获得诺贝尔奖的美国人，实际上也是从欧洲或其他地方去的，但他们在美国就能够生根发芽。能把世界一流的人才吸引过来，你才是真正的世界一流。首先是怎么留住人才，其次是吸引人才。解放以后，大学里有相当一部分教授并不称职，实际上他们是没有资格到大学里当教授的。“取法乎上，仅得其中”，老师不行，学生水平怎么会高？现在中国的教授人数恐怕是世界第一了吧？但是我们教授的水平是世界第一吗？全世界有哪一个国家有这么多的教授？教授的平均水平又如何？即使是北大、清华，其一流人才也还是比较少的。现在有一部分人自以为了不起，很可笑。

马国川： 有人说，中国的大学教育从精英化变成了大众化，中国这么多人，怎么着也出一批人才吧！

王义遒： 这个说法本身就是错误的，你不能说有沙子的地方就一定有黄金。并不能说人多了就一定能出人才。这完全是两个概念。没有一套好的培养体制，没有一套好的大学机制，没有学术自由的空间，怎么可能出人才呢？

经过三十多年的改革开放，我们国家的发展形势已经完全不同了。但是中国要真正成为世界一流的经济、科技、文化强国，不仅在总量上，而且在人均上，都要赶上或超过发达国家。我们面临大量我们自己和西方发达国家过去从未遇到过的问题，如 13 亿人口中有 8 亿农民（或“三农问题”）、地区差别、发展与资源矛盾、环境与可持续发展等。同时，还要处理中国崛起与世界的关系、如何把中国文化融合成为世界文化的重要组成部分并使之发扬光大等问题。所有这些，都是前所未有的，前人从未解决过，而现有的发达国家也从未遇到过，因而无从借鉴，需要我们发挥创造性，从经济的生产、分配和消费上，从政治的民主、自由和法治建设上，从文化的多元包容和继承出新上，从构建和谐社会与和谐世界上，从思想、理论、观念和体制上，从科学技术和物质层面上，等等，有所创新。我们中国人将会以一种崭新的面貌屹立于世，并将给世界以重大影响。大学在这里应该起到引领的作用。看不到中国教育存在的问题，反而洋洋自得，只能延误实际问题的解决。我们应该保持冷静客观的态度，决不能忘乎所以。中国需要一大批真正敢说话、说真话的人。

采访时间：2009 年 12 月 8 日

采访地点：北京大学图书馆

陈　懿

大学需要淡泊宁静

陈　懿人物简介

陈懿，1933年出生于福建福州。1955年毕业于南京大学化学系。1979～1981年，在美国威斯康星大学做访问学者。1985～1997年期间，历任南京大学化学系系主任、常务副校长、代校长等职务。1997年当选为全国优秀科技工作者。发表论文二百五十余篇，获中国发明专利授权十一项，德国、欧洲以及世界专利各一项。曾任*Journal of Catalysis*编委（2000～2005年）、国际催化协会中国理事（1992～2000年）、中国化学协会理事长（1995～1998年）、教育部高等学校化学教学指导委员会主任（1995～2000年）、国务院学位委员会化学学科评议组召集人（1997～2002年）。

采访手记

1996年夏天的一天，91岁的南京大学名誉校长匡亚明打电话约代校长陈懿来家谈工作，谈完了，陈懿说，匡校长，我还没有你的字呢。

匡亚明的书房里有不少现成的书法条幅，他挑了其中的一幅，补了上下款，送给了陈懿。几个月后，为南京大学奉献了大半生的匡亚明就辞别了人世，成为南京大学历史上的一个绝响。但是他的故事至今仍在南京大学校园里流传，他的那幅书法条幅至今仍然悬挂在陈懿的书房里，“淡泊以养志，宁静以致远”，字体拙朴苍劲。

1955年毕业于南京大学化学系的陈懿大半生几乎没有离开过南京大学，只是在上世纪八十年代曾经到美国的威斯康星大学做过几年访问学者。1984年，匡亚明退休后的继任者曲钦岳校长到美国访问，期间驱车数百公里来到威斯康星大学，邀请陈懿回南京大学担任领导职务。学术上正处于上升期的陈懿深受感动，毅然回国，协助曲钦岳校长工作。他们之间配合密切，坦诚相处，曾被人誉为黄金搭档。后来曲钦岳校长因病不能工作，比他年长两岁的陈懿担任了代校长。在离开行政工作后，陈懿才专心重归化学研究。2005年他被选为中科院院士。曲钦岳因此感到不安，他说是自己硬拉着陈懿做行政工作才耽误了他早当院士的时间。但是陈懿对此并不在意，他对教育的思考并没有停止，面对大学里的各种问题忧心忡忡。

“每天走进书房，我都要看看老校长的这幅字，”陈懿告诉记者，“这是诸葛亮的名言，原话是‘淡泊以明志，宁静以致远’。后来我才知道，在送字给我之前约一个礼拜，匡校长把诸葛亮的原话条幅送给了他的夫人。后来他又特意把‘明’改成了‘养’字再写了一幅，显然在这段时间里他在琢磨这两句话所蕴含的含义。送给我时他说，很高兴，这幅字终于有了一个好的归宿。他一语点破更改的原因：既然淡泊了，还要‘明’干吗？‘明’是给人家看的，‘养’才是提升自己内功的。一字之改寓意深远，尽显功力。此字常勾起我对他老人家尤其是他那善于创新、不人云亦云的作风的怀念。”

记者的采访就是从这幅字说起的。

■

浮躁和功利是今日大学的病灶

马国川： 在南京大学的历史上，匡亚明校长被视为灵魂人物。

陈　懿： 匡校长到南京大学是1963年，那时我才30岁，是青年教师。他做的报告我今天还清楚地记得，他说，办好一所社会主义大学要培养和形成“四种空气”：强烈的社会主义政治空气，浓厚的社会主义学术空气，严肃的社会主义文明空气，活泼的社会主义文娱体育空气。他说的最令人难忘的一句话是“空气流动就成风”，这就是校风，它在校园里无处不在，虽然看不见摸不着，但却处处可以感受得到。

马国川： 无处不受它的影响。

陈　懿： 校风是最重要的，要靠它来引导全校的师生员工，怎么强调它都不过分。在当时的背景下，能够把“浓厚的学术空气”当做一种校风提出来，体现出了一位教育家的远见卓识、勇气和魄力。

在那个“阶级斗争”天天讲的年代，匡校长在南京大学倡导建设了“中美文化研究中心”，这在全国是首创。有人担心，这不是把美国的文化弄进来影响我们吗？他则认为，只有通过交流才能互相学习，才能做到洋为中用，而影响从来都是互相的。现在南京大学的“中美文化研究中心”已经是全国中美文化研究和人才培养的一个重要基地。匡校长历来遵循办学规律，敢讲敢为，讲真话，办实事，不唯上，所以“文革”时他成为第一个也是唯一一个被通过发表社论的形式加以狠批的大学校长。“文革”结束后，他复出并继续领导南京大学开拓前进。他还是那样敢言人所不敢言，敢为人所不敢为，重才重教，不断开拓创新。在南大可以听到很多这方面的例子，例如，当年他在做报告时就曾公开讲，要多读书，红黄蓝白黑的书都要读，不读怎么会懂？怎么会批判呢？

马国川： 为了复兴南京大学，匡亚明到处延请人才，留下了许多佳话。

陈　懿： 著名作家陈白尘“文革”中被加了种种罪名，对他的立案审查当时尚未有定论，匡老就派人专程到北京请他来担任南京大学中文系的系主任。著名的古代文学家程千帆先生在“右派”摘帽后成为无业居民，没有工作，匡校长派人专程到武汉请他来南大并给以很高的礼遇。他们都为南大中文系的建设做出了重大贡献。程老先生后来说：“是匡先生给了我二十年的学术生命。”

另外，匡亚明校长历来主张艰苦奋斗，但又重视为教学科研创造条件。他在任期间一直都是在红砖地的小平房里办公的，他说，我要把最好的房间留给教学和科研，要为教授们创造出最好的条件。当时物质条件很艰苦，他曾向往：希望我们的学术骨干们将来都能够有一间房间，泡一杯茶，抽一支烟，有自己的一块天地，静静地思考一些问题。

马国川： 也就是说，大学的一切都要围绕教学、科研、培养人才这个中心，而不是以行政权力为中心，现在的问题恰恰是出在这儿，把中心给弄颠倒了。

陈　懿： 我觉得，匡校长的所作所为跟“淡泊宁静”这四个字是有关系的。他办教育宁静而不浮躁，淡泊而不功利。如果不是“淡泊”的话，那他就不会有那么大的胆量，言人所不敢言，做人所不敢为。如果没有“宁静”的话，那他就很难避开各种世俗的浮躁的干扰，做出那么多富有独创性的贡献。

马国川： 淡泊的反面就是功利，宁静的反面就是浮躁，浮躁和功利正是今日大学的病灶。

陈　懿： 追求功利，性急浮躁，就做不到按规律办事。匡亚明校长敢出新招，敢于创新，就是因为他是按教育规律办事的。一个社会总归要发展，但发展必须是科学的，必须是合乎规律的，不能任凭个人的主观意志瞎指挥，我们瞎指挥的例子不少。

马国川： 您如何看待上世纪九十年代后期的高校大合并？

陈　懿： 眼下我国高等教育事业有很大发展，但是倘若不注意遵循办学规律行事，那就会事倍功半。你讲的高校大合并不都是不合理的，但也不是所有的都是合理的。中国有句古话："上有所好下必胜焉。"上面一句话下面就起哄，这种本来应该是试点的事，但一下子就变成常态全面铺开了。在这方面过去我们是有教训的。

合并这件事，有上面要搞的也有下面十分"积极"地要干的，对此要作具体分析，尤其是要看是如何合并以及合并以后怎么办学的，不宜搞"一刀切"。有的合并是种种行政干预的结果，为了把学校做大和升格，先做"大"再做"强"。这不是大学自身发展的需要，它实际上既难以实现又打乱了分层次、分类型办学的高教结构。

有些学校并大后再用不同的方式办分校，有的把新生放在新校区，老生或者研究生放在老校区，有的则把一些院系搬到新校区，其他院系留在老校区。前者类似于"腰斩"，把一个有机体分裂了，后者呢？类似于"肢解"，也破坏了机体的完整性。这两种做法虽是合并后不得已而为之，但都是不符合办学规律的，这类"自残"甚至也违反了自然界的繁衍规律。大学是个有机的整体，不同年级学生之间以及本科生与研究生之间的相互影响，各个学科之间的相互渗透，对于形成一个良好的学术氛围以及形成一个优良的成才环境都至关重要，是不能任意切割的。

美国一些大学也在发展，它们走的好像不是这条路子。例如，被认为是美国公立高校楷模的加州大学，目前有 10 所分校，最早的一所是 1869 年成立的伯克利分校（UC－Berkeley)，二次世界大战前共办了 5 所，二战后特别是在上世纪 50～60 年代因学生数量激增又办了 4 所，2005 年又办了美熹德分校（UC－Merced)，这是最新的一所，听说有些地还没用上呢。各个分校都有很大的自主权，实际上都是一所独立的大学。与此相似，另外一所美国著名的州立大学威斯康星大学也有几所分校，其中以麦迪逊分校（UW－Madison）为最强。陆续办的分校，在开始时有的只招本科生而不招博士生，通常是先成立某些个专业再逐步发展，视具体情况因势利导再形成特色。常可见到的是经过一段时间的努力，后办的学校在某些领域超过了一些老学校的实际例子，上述加州大学的10所分校中已有6所位居全美高校的前50名，3所在50～100名之间。显然，人家是按照客观规律办事的，有点像人类的繁衍，新办的学校开始时就像一个初生婴儿那样，尽管很嫩弱，但五脏俱全，具有强大的生命力和发展潜力，不是天生就残缺不全的。大家都知道全世界数美国有最多的一流大学，但似乎只听说有小而精的，有不求全而特色鲜明的，有不少是后来居上的，却从未听说过有哪一所是靠并校先做大再做强的。

马国川：也就是说不是拔苗助长。

陈　懿：拔苗助长的结果是使教育受到损害。

马国川：遗憾的是，像匡校长这样的教育家太少了。中国的教育界之所以有很多问题，其中一个原因就在于缺少真正的教育家。

陈　懿：我觉得少还不可怕，没有可以培养。值得思考的是，我们的许多好传统以及这些老教育家的思想能不能得到足够的重视并认真地继承和发扬？每位教育家能做的事有限而且人总归要走的，但精神是永恒的，它会沉积起来，应该继承并发扬光大。

我们搞教育的人真要汗颜了

马国川：匡亚明资格很高，但是不愿意从政做官，而是专心办教育。现在我们迫切需要的是真正安着心做教育的大学校长。

陈　懿：现在的校长很多都是从学者中间挑选的。重视、起用学有所成者，这当然是好事。但是搞学术与当校长所考虑的和处理的问题是很不一样的，而学术上有成就的人也往往很难摆脱肩上的学术担子。既然要把校长的重担让他们挑，就要未雨绸缪地采取必要的措施并作出相应的安排，使他们能如你所讲的那样真正地安着心做教育。

马国川：一些校长“两肩挑”，能兼顾好吗？

陈　懿：这牵涉到遴选校长或者说遴选干部的问题了。不过，我想大部分做校长的应该是会努力把主要的精力放在学校上的，在其位就要谋其政，这难免在业务上以致身体上都会受到影响。不少人行政、教学和科研几方面都难全推掉，吃力又难做好，很苦的，对此我有些体会，因此也理解其中的难处。只希望有关部门要有针对性地采取一些措施，例如必要时能配备行政和业务上的助手或试行定期轮换制，而不只是简单地要他们“双肩挑”。“双肩挑”这个很流行的说法，准确地理解其含义是很有必要的。讲行政和业务都要做，教学和科研都要并重，这无疑是对的，但是真正做起来是有种种做法的，“两肩”等重？有侧重？还是“两肩”轮流挑？还要看“挑担者”自身的特点，做到用其所长。总之，不能简单地套用，不能机械地要求“两肩”等重地同时挑，从古至今谁见过两个肩膀上都挑了担子而又能应付自如的人？话讲回来，既然人人都有两个肩膀，两肩都一样地挑也不是绝对不可以的，只是不能耐久，效率低，结果可能会两边延误。

马国川： 现在确实有一个如何继承和发扬老一代教育家思想的问题，因为大学存在各种各样的问题，也遭到社会各界的批评。

陈　懿： 我特别注意到 2005 年 7 月 29 日温家宝总理去看望钱学森先生，钱学森跟他讲，现在中国“没有一所大学能够按照培养科学技术发明创造人才的模式去办学，没有自己独特的创新的东西，老是‘冒’不出杰出人才。这是很大的问题。”老先生这些话是很重的。后来温总理又召开了大学校长座谈会，他很着急。

马国川： 但是那些校长们似乎并没有给出令人满意的回答。

陈　懿： 校长们各抒己见，大家都在探索求解，不少问题还没有现成的答案，所以有人对回答不满意是可以理解的。钱学森先生提出了要“按照培养科学技术发明创造人才的模式去办学”。还有一位邹承鲁先生，他提出了要“再办一所西南联大”，恢复艰苦奋斗的优良传统，培养能够艰苦奋斗的创新型人才。一位讲的是办学模式的问题，另一位讲的是办学理念的问题，我想这两个问题是最本质的。

马国川： 一个说没有一所是对口的，另一个说重新办一所，大有异曲同工之妙之处。

陈　懿： 振聋发聩，发人深省。我们搞教育的人的确应该认真思考一下，过去特别是改革开放以来，我们在办学中哪些应该发扬，哪些应该充实完善，哪些应该改。

改革开放三十年了，我们有两千多所各类高校，西南联大的存在不过几年，为什么至今不少人还在怀念它，它给我们留下了些什么呢？据说抗战时林语堂从美国归来到西南联大去看后说了这么一句话：“物质生活不得了，精神生活了不得。”物质生活极差，非常困难，但出了多少成果呢？“两弹一星”的功勋科学家里面有6位，诺贝尔奖获得者有2位，而两院院士里有164位是在这个学校里学习过或工作过的。在战争环境下办学，生活条件当然十分艰苦，但是“爱国、进步、民主、科学”的精神，民族复兴的信念，激励了师生艰苦奋斗、追求卓越的高度责任感，学校里名师云集，敬业求知，要求严格，人才辈出。这些事实充分说明精神的力量、正确理念的重要作用。

马国川： 现在物质条件好了，大学高楼林立，但是只见大楼不见大师。

陈　懿： 现在不少大学的楼房和办公条件之现代化程度的确已达到甚至超过了某些世界一流的大学，这在美国也是不多见的。可是在培养杰出人才和出的一流学术成果方面却比人家差了一大截。西南联大有什么现代化的大楼？哈佛大学又怎样？但都培养出来了那么多的人才。如果只注重硬件建设而忽视了软环境的建设，那就是见物不见人，其结果是投入再多也得不到所期望的回报。现在电脑很普及，大家都知道如果只有硬件而没有软件，譬如没了windows和office，那么对许多人来讲，电脑再好也是没有用的。什么是办学中的软件或软环境呢？这是很值得认真探讨的，但是我想把办学的体制和机制、把办学的理念和目标这两大方面作为主要的切入口来抓，大体是不会错的。

马国川： 大学到底怎么办？我们在办学理念上是有欠缺的，喊一些空洞的有时候甚至是错误理解的口号。

陈　懿：可不可以这么说，大学要发展，发展要科学，科学最基本的是要尊重办学规律。

马国川：要尊重教育本身的规律，而不是用一种行政的长官意志去干预。

陈　懿：长官当然有意志，但如果长官意志是对的那有什么不好呢？讲不能够违反教育本身的规律，就说到了事物的本质，这样大家都容易接受。客观规律只能去认识并顺应而进，它不以任何人的意志为转移，不管是老百姓还是长官，倘若违反了客观规律，最终都是要碰壁的。

办学最怕瞎指挥和不实事求是，诸如分明违反了办学规律却还要总结出一堆道理来，分明是问题成堆甚至弄虚作假却还要文过饰非甚至表彰推广。这一类事在“文革”动乱时期是司空见惯的，今天还有没有呢？一些没有把握的事必须经试点再推广，一些提法要慎重，否则容易误导。这方面有不少例子，有些我也没搞清楚，譬如讲“和世界接轨”吧，现在讲得多了，好像很时髦。细想有些东西确是非跟世界接轨不可，比如加入 WTO，大家都要遵从一些世界公认的贸易规则。但是把这句话用到教育中来怎么理解呢？和经济不同，教育往往有很浓厚的民族色彩，世界各国的做法也不尽相同，笼统地讲教育要接轨，是否合适？有哪些轨要接？怎么接法？接了以后这“列车”开到哪里去？这些我都没搞明白。

马国川：具体来说，各个国家的国情不一样，中华民族从孔子以来的教育理念就有很多独特的地方，这是应该继承的。

陈　懿：世界上好的东西我们都应该学，“洋为中用”嘛。通过国际合作交流，吸取人家的长处，补充我们的不足，很有必要，为的是形成我们自己的更好的东西，而不是“改弦易辙”。但是国际上也有不少不适合我们的国情的东西甚或不好的东西，这个“轨”难道也可以接？我们自己有几千年的历史文化积淀，有很多优秀的教育传统和理念，都值得花大力气去认真地加以继承和发扬，并认真地探讨一下什么是适合我国国情的有中国特色的教育。不要人云亦云地喊一些不求甚解的口号，喊完了还没有推敲清楚其内涵到底是什么。

■

现行的体制要教师“心有多用”

陈　懿：现在我们经常谈创新型人才的培养，谈大学的改革，国家很重视并且也花了很大的力量去建设一流的大学，但成效如何呢？到底怎样才能把大学办成一流的呢？我感觉有一些表述还是不完善的，易产生误解甚至意外的负效应。比如“研究型大学”，这个“型”字是译成中文时加上去的，它的英文是 research university，直译就是“研究大学”。对照起来，research institute（研究所）没有译成“研究型所”，research fellow（研究员）也未译成“研究型员”，为什么却把“研究大学”翻译成“研究型大学”呢？这本也没什么大碍，译得讲起来顺口吧！可是中文里“型”字不是虚词，而是有明确的含义的。于是，与研究型大学对应的就有了所谓的“教学型大学”，而在这两者之间还有一类叫“教学研究型大学”也出现了。三个类型共存且广为流传，有些学校还自己对号入座，这是一件很奇特的事。

马国川： 而且有些人认为，“研究型大学”才是一流的大学，“教学型大学”是三流的。

陈　懿： 不能不讲这是一种糊涂观念，这样理解要导致恶果的。学校首要的任务是培养人，我们常讲教书育人。现在只不过是有一些学校的研究生比例很高，而大量的教学活动是通过研究进行的，于是常常在培养人的同时又出成果，其效益也日益受到重视，这就进一步地又使研究活动在日常教学活动中所占的比例增大了，又出了一批高水平的成果，有了高水平的人才，这就出现了在美国称之为的“研究大学”的一些名校，我们现在叫“研究型大学”。这些大学原也是教学科研并重的，并不是只做研究或以研究为主；如果一定要讲什么为主的话，那也还应该是以培养人为主的，大多数的研究是在培养人的过程中进行的，做到出人才、出成果并行，但出的成果与培养的人才相比较只能是附属产品而已。其实，大学本来就应该教学和科研相辅相成的，许多没有招研究生的高校也都以各种方式开展了很好的科研，美国尤其如此，如果要讲是什么型的，那也都是教学加研究的类型。成了一流大学后培养本科生也仍然是最主要的。现在最常见的问题是在本科生身上下的工夫不够，这是令人担忧的。

美国办研究大学是有经验和教训的。1952～1967 年间连续担任加州大学伯克利分校和加州大学总校校长的克尔克·克尔教授，在美国被认为是对高等教育最有影响的几个人之一，他写了一本书叫《大学之用》，到 2001 年时已出了第五版，影响很大，北大出版社已出了其中的一个译本。这本书分析了美国大学荒废教学后所产生的深刻危机。很多人对这本书作出好评，有人认为，“任何一本书都没有对现代研究大学作出如此深度的描述”。李开复先生在“当今美国大学的五大弊端”一文中引用此书，指出随着大学经费日甚一日地仰仗科研，美国一些原本是研究与教学并重的大学已变成了重研轻教，研究型教授身价暴涨，优秀教师饭碗不保。美国西北大学的克里斯托弗·詹克斯教授在评论时说，研究大学是美国的一个最出色的和最不被理解的创造。当我们以研究型大学为目标进行一流大学的建设的时候，对它都理解清楚了吗？对美国研究大学出现的重研轻教甚至荒废教学的危机有所警惕了吗？值得注意的是，1998 年美国卡耐基促进教学基金会博耶本科生教育委员会就提出了《重建本科生教育：美国研究大学发展蓝图》的专题报告，随后一些著名大学如哈佛、麻省理工学院、斯坦福大学、密歇根大学等等都提出了相应的规划。人家在总结教训要重建本科教育，而我们呢？我们本来有不错的本科教育。

马国川：这几年许多人都在说现在有的教授是“不教不授”，大学里面缺好的教师上基础课，有的学生读了几年书跟教授没见过几次面谈不了几次话。

陈　懿：和过去比，现在的确有基础课的班越办越大、教师越来越难见的现象。教学的关键是教师，有人批评不少“教师不用心”，不少“大学生不读书”。学生读书，教师用心，这些本也是不成问题的事，为什么现在却成了问题呢？他们的心思用到哪里去了呢？实际上多数教师都没有闲着，而是忙到别的事上去了。学校肩负着教学、科研和为社会服务三项功能。教师的任务多，尤其是在创建高水平大学的过程中科研的重要性日益凸显，这本是社会发展对高校提出的更高的要求，也是很好的机遇，但若处理不当就会出问题。

马国川： 怎么协调好教学和科研这两方面的关系，是需要解决的问题。

陈　懿： 教学和科研是一对矛盾，但若处理得好会相辅相成，而如果处理得不好则相挤相克。这关系不协调好，老师就做不到专心教学；而如果老师不认真、不投入，那就谈不上教得好和从严要求。

我曾经参加过教育部组织的一些教学检查，到过一些名校，也听了一些基础课，并跟有关老师交谈。在交谈中我希望有关老师介绍他们所授课程的三本最好的参考书，并说明好在哪里，以及他们在教学中都用在了哪些方面。结果呢，往往第一个问题就卡住了，后面当然免谈。据说当年胡适在美国看到一本新出的数学书，他买来后，为了省钱，把书皮撕掉寄给西南联大的陈省身先生，而陈省身先生马上发动教师抄，随后就在课堂上用。现在新的参考书不少，任课教师都看吗？他们有足够的时间去看、去消化吗？现在互联网查资料很方便，在我们学校里，有些化学文献被查阅的次数和频率十分高，可是很长一段时间里无人检索过美国的《化学教育杂志》，这里面有不少好的教学题材，可对此感兴趣的人寥寥无几。所以应该讲“学生不读书”，首先是由于教师不读书。

既然教师不专心教学，那么在一些教学环节上也就不那么认真了。还拿西南联大的一些前辈名家作为例子，当年周培源教授教物理课，他家住在昆明西山，离校有二十余里路，他骑马来上课，每周三次上课，每次授课一小时。他坚持不搞三小时一次讲完，为的是同学们好吸收、好消化。他自编力学讲义，经常自刻蜡纸，亲自将油印讲义发给学生。杨石先教授每周四次步行约十里路给学生上普通化学课。他们的这种敬业精神学生们看在眼里、记在心中，优良传统就在不知不觉中传下来了。教师严格要求学生，学生从心里也会乐于接受。有的时候尽管教师物质条件差，但“严师出高徒”的例子很多。现在常见一些老师在分校或另一校区上课，把三节甚至四节课并在一次讲完，为的是少去几趟，上了课就走人。尽管时下交通工具很现代化，但教师自己马虎了事，还能严格要求学生吗？

马国川：恐怕不能把板子都打在教师身上。

陈　懿：你讲得很对。“不讲不授”不是我们的传统，过去我们最著名的教授都是上课的，现在教师也没有偷闲而是忙到别的事情上去了。有限的时间和精力如何分配，并不全取决于教师本人，更主要的是一些评估激励机制和规章制度的指挥棒在起作用。可以这么讲，教学“不用心”表现在教师身上，根子则在一些不当的运行机制和指挥棒身上。一些常见的工作量核算和科研工作要求等有关规定，使得有些基础课教师无法认真地“用心”于教学，例如一个教师包干两百名左右学生的大课还要考核他拿多少科研经费、发表了几篇文章，不达到规定的底线就怎样怎样等等。这类规定是存心不让人教好书了。又如有些利益驱动机制，在明里暗里引导或怂恿教师轻教学重科研，轻了教学可以听之任之，少了科研则晋升等一路红灯。这种状况有些领导是明知不改，这当然和指导思想有关。这些状况倘若不改变教师又怎能做到“又讲又授”？这不是行政命令能够解决的。

马国川： 现在大学里功利主义弥漫，一些教师不是想着如何做好教学和科研，而是千方百计地谋求一个职位，他们的借口是只有这样才能得到教育资源，才能把科研做好。

陈　懿： 你提的这种倾向实际上也反映了管理和分配机制上存在的问题。不少人在议论现在有些学术骨干想做官，当了官许多事就好办了。这当然不符合任用干部的原则，这种人即使谋到了职位使用了教学资源，也未必能把科研和教学做得很好。我觉得教学和科学兼顾要都做好本就很难，最好有所侧重，要视个人的具体情况和年龄作好具体安排，最好不要“一刀切”。如果再加上因职位所带来的行政工作，那要都做好就更难了。我记得当年我们在一起工作的一位副校长讲过，工作、业务和身体三者中至多只能择其二，我看到不少实例大体也的确是这样的。

古话说“心无二用”，不少现行机制和规定却要教师“心有多用”。真是看别人挑担不觉得重，其结果常是事倍功半，看来要改变这种状况，还得从办学思想和办学理念的高度上统一认识，从体制和机制的改革上着手，如果只是用一些行政的规定赶着教授们去上课，不少人只得敷衍应付，其效果是不会好的。一些明知不好的条条框框和做法，为什么就这么难改呢？

要跟世界一流的大学争夺研究生生源

马国川：现在的大学都在讲创新人才的培养。

陈　懿：大学里创新人才的培养主要在三支队伍：本科生、研究生和青年教师。他们各有特点，所面临的问题也不尽相同，要具体分析，分别采取必要的措施来推动创新人才的培养和形成。

三支队伍中最基础而量最大的是本科生。这个年龄阶段的年轻人求知欲最旺盛，学习劲头最足，好奇心也最强。李政道先生讲过，一个人要教他，就要在他最想学的时候去教，而在他不想学的时候你去教是不行的。本科生正是处在人生中十分宝贵的最想学的时期。由于本科生学习的内容主要是已经成熟的知识，教学中就要特别注重处理好传授知识和培养能力之间的关系，一定要注意在传授知识的过程中培养他们发现问题和提出问题的能力以及分析问题和解决问题的能力。这就要求教师要有良好的素质，尤其是在基础知识、科研能力和表达能力等方面都要有较高的水平。

马国川：美国提出了本科重建的问题，我们是不是也存在同样的问题？

陈　懿：我们本科的根基还是很好的，尽管过去几年重视得不够，有不少待改进之处，但也还没有差到要“重建”的地步。只要认真及时地给予重视，就一定能够抓好。我们的本科生生源很好，尽管现在境外也在挖我们的本科生，但是我们有这么庞大的学生队伍，怎么也能找到优秀的苗子。令人担心的是在他们入校以后本科教育中出现的不少问题，除了教学内容、方式、方法等之外，我想讲的是普遍存在的“严进宽出”的问题。“严进”的意思很明确，现在要想上大学还是不太容易的，进名校仍然很难。“宽出”呢？也很清楚，不久前我从报纸上看到一位著名人士在南京作报告，指出现在学生在大学里就是混个文凭。还有一位中学老师劝高三学生说，你们一定要再辛苦一下，等进了大学就舒服了。

过去所有名校尽管各有特色但却有一个共同点，那就是“门槛高，把关严”。这个“严”不是只对学生而言的，它包括了治学行事上的严格、严谨和追求至善的精神。这个“严”是出于对学生的负责和关爱，“严师出高徒”、“严父慈母”，这些都是人人熟知的老话，只是过去的极“左”思想，特别是“十年动乱”期间，把它批成了资产阶级专政的东西，颠倒了是非，造成了很坏的影响。显然，要认真办学就必须从严治校，是真爱护学生就必须从严格要求入手培养他们克服困难的毅力和自我管理的能力。如不然，原来的好“材料”就有可能被教坏了。哈佛大学图书馆里就有“谁也不能随随便便地成功，它来自于彻底的自我管理和毅力”，以及“没有艰辛便无所获”这么两句话。

马国川：研究生的情况和本科生一样吗？是不是也存在同样的问题？

陈　懿：研究生，特别是博士生所学的主要不是已有答案的知识，他们要花很多的时间在研究的过程中学习，常常是既学习又出成果。因此培养研究生要特别注意处理好出成果和培养人之间的关系，这一点和本科生不同，存在的问题也不尽相同。出成果和培养人这两者中培养人当然是首要的，处理得好，出人才和出成果相互促进；处理不好，只要成果不注重育人，其结果是成果和人才都出不好。美国一流的大学都有一些有效的措施，包括通过修课、讨论班和考核等方面的规定来保证博士生要博。常见他们的研究生入学时办公室的书架上基本上是空的，但毕业时就基本上塞满了书和讲义。我们呢？我们的博士生不博，把眼睛主要看在发表论文上，其结果是培养“窄士”，只在很专的课题上有论文，其后劲能够留有多久？大多数人毕业后所遇到的问题可能与他在学时的课题完全无关。

研究生培养是高层次人才成长的一个关键阶段，无疑是十分重要的。杨福家教授认为，“有没有一批优秀的艰苦奋斗的研究生，是能否成为一流大学的充分的、必要的条件”。他这话把培养研究生和一流大学之间的关系作了透彻的分析，因为如果真能拥有一批这样的研究生，那学校就一定要有很好的硬件和软件环境，包括很强的师资队伍。他这话也表明我们今天的现实和他所要求的还有相当的距离。

我们的研究生教育起步晚、发展快，2008 年我国在学博士生数已比美国还多，发展的确很快，但是经验不足，存在问题也多。首先，特别是博士研究生，质量应是第一位的，但这方面我们和国际的一流大学的差距还很大。有待解决或探索的问题很多，我想除了要处理好出成果和出人才的关系以外，首当其冲的就是生源问题，现在不少有志读研的优秀本科毕业生常首选出国攻博，个中原因甚多。

显然，能否把优秀的人才吸引到自己的学校里，也必然是能否成为一流大学的必要条件；吸引不了一流人才，吸引不了一流生源，那还叫什么一流大学？在诸多原因中，国内研究生的待遇明显偏低，这是许多人都在呼吁的而且理应可以改变但却迟迟得不到解决的一个重要问题。据说有个研究生病了，他把他的卡拿出来刷，一看里面只有200元。不少人到读研究生时就不好意思再问家里要钱了，于是要么不读书去工作，要么到国外去读。国外一流的大学不仅学习条件好，而且只要成绩好，提供的待遇就足够开支。这个问题很现实，但讲了十几年了，却一直没能解决。以科研经费的使用为例，在瑞典，学校申请来的经费75％可以用到学生头上，而我们连25％都不到。

优秀的大学毕业生纷纷首选出国，走一年不怕，可十年下来，人才的流失给国家造成的损失是难以弥补的。改革开放三十年，国家发展迅速，高校教育水平不断提高，一流大学的建设也已着手多年，我们是不是到了应该采取得力措施与世界一流的大学争夺优秀研究生生源的时候了？这是不容回避的问题。我常从报上看到我们培养了苗子，然后哈佛来挑，MIT来挑，挑中了就走了，报道里还称赞有加，还觉得光荣得不得了。我一边为这些年轻人高兴，一边又同时感到心中发凉，难道说我们都是在替国外一流的大学培养苗子，而我们自己只能得到他们挑剩的？“得天下之英才而育之，一乐也”，这是办教育的人的一种向往和追求，我们是到了应该尽快采取有力措施多争取一些好苗子在我们自己的土地上成材的时候了。在争夺人才的竞争中，好苗子的走向是不应该被忽视的。

除了上述几点之外，我们还应该充分重视普遍存在的研究生“宽进宽出”和指导教师“放羊式管理”的现象。与本科生的“严进宽出”不同，研究生是“宽进宽出”。因为研究生会出活，而指导教师需要劳动力，就不惜降格以取，出现了“广种薄收”的现象；还由于把博导当成一个阶层，于是又将评审的权力下放，不少地方的博导数量迅速增加，学生供少于求，这又加剧了这种状况。现在很少听到过去常讲的“宁缺毋滥”这句话了。芝加哥大学的经验是高水平的研究生必须一对一地培养，我们较常见的则是“放羊式管理”，学生到最后很少或没有不能毕业的，这种状况不改变还谈什么“一流”？

马国川：我们自己留不住人才，于是就再从外国引进人才。

陈　懿：我们现在常讲“人才的引进和培养”，这话应该倒过来讲，应该讲“人才的培养和引进”，也就是要立足于“培养”，然后再加上必要的“引进”。对学校来说，“引进”归根到底也还是为了“培养”。到了我们自己年轻人能够很好地培养起来的时候，国外的年轻人就会慕名而来。更多地为现在的优秀学术骨干和研究生的成长创造条件，是必要的也是理所当然的。处理得好这会与引进是相辅相成的。如果自己的培养这条线还没有理顺，那么引进的人才过一段时间恐怕也会走掉。现在有些地方靠高价引进，甚至彼此哄抬出价，这是靠不住的，“赔了夫人又折兵”的事不是没有发生过。

引进人才最关键的不是提供的房子、启动费和工资有多么诱人，而在于启动之后怎么能很好地让他发展，让他能继续出高水平的成果。这当中千头万绪，但最需要的是配备人，兵精粮足，兵精是第一位的。美国的研究生生源很好，从印度来的、日本来的，中国去的学生由着他们优中选优。在国内，我们用什么措施能留住优秀的本科毕业生呢？这不论是培养还是引进时都不能不考虑并着手解决的问题。现在是到了我们考虑跟外国名校争夺优秀人才的时候了。必须争取一部分优秀人才留在国内，任何一个研究领域如果没有源源不断的优秀的年轻人进入，就迟早会垮掉的。

马国川： 青年教师呢？李政道先生曾经把世界上做出巨大贡献的科学家排队，做出大成绩的绝大部分都是二十多岁、三十多岁的年轻人。

陈　懿： 谈创新，主要不是看某人名望有多大，名望大的实际上往往已经过了创造的高峰期，眼睛要多看年轻人。青年教师和科研人员是总书记所提的“特别要抓紧培养、造就一批中青年高级专家”的一个重要来源。青年教师边工作边走向成熟，承前启后，是学校的未来，他们精力充沛，思维敏捷，创造力旺盛。当然，他们也还有很多东西需要学，应该给他们更多一点时间去搞科研。看看我们周围的二十多岁、三十多岁的年轻人在干什么？往往打杂的事都是由他们干，本来不少应该由职员、技术人员或秘书做的事都分摊到他们头上，他们很难集中精力去做学问。这看起来省编制少花钱，但实际上是难以补偿的大损失。什么时候二十多岁、三十多岁的年轻人能冒出来，中国人得诺贝尔奖的日子就不远了。

马国川： 如果总结您所说的，那就是，一是充分重视本科的建设，二是在研究生阶段和世界各国争夺人才，三是让青年教师能够很好地成长。

陈　懿： 如果说本科生主要以学习知识和培养能力为主，那么研究生就是研究与学习兼顾，而青年教师则主要是工作和出成果。这些方面千头万绪，我想当前是否可以将从研究生培养方面进行改革作为切入口，然后逐步解决。而这又应从提高研究生的待遇入手，在从严训练和吸引优秀生源上苦下工夫。研究生培养这一块搞好了，TA（研究生当助教）的问题就解决了，这又有助于让部分青年教师腾出更多的时间搞科研，从中得到提高。培养一个好教师是十分难的，高度的责任心，良好的表达能力，善于启发学生，刻苦钻研，等等，随便讲几条，条条都难。一批研究生担任 TA 不仅仅是工作也是学习，又负担部分教学工作量，也可改善待遇，世界一流的大学都是如此办的。这样，当青年教师到了四十多岁的时候，科研有了一定的基础了，各人的特长也已经显示清楚了，那么就可以适当地作些分流，一批人主要去做教学，一批人主要去从事科研，也有人主要从事行政管理。这样就可以做到“人尽其才，各得其所”，而不是盲目地平均摊配，往一条路上挤。人才的合理分流将有助于构建一个和谐的、协力共求进取的环境。

■

大学需要淡泊和宁静

马国川： 在您看来，应该如何看待社会各界对大学的批评。

陈　懿： 现在各种议论文章很多，的确存在的问题也不少。看法有不同，但大家都想把事情办好。实事求是地把大家批评的问题理一理，分轻重缓急逐个解决，不能扬汤止沸，只能是釜底抽薪。办学必须遵循办学的规律，做事一定要把内涵搞清楚，不要人云亦云。以办一流的大学为例，哪个学校的校长和师生员工会讲他们在争取办三流大学呢？大学有不同的类型，而不同类型的学校中都要有一流的，三十六行，行行出状元，才会行行发达，整体兴旺。实实在在地在办学体制和机制、理念和目标上下工夫，做扎实的工作，不只在新名词、新花招上用心，那么最终是会有成效的。

马国川：近年来大学腐败案层出不穷，很让人震惊。

陈　懿：搞腐败首先是内因，理应谁搞谁承担责任，挨骂也应该。不要把它牵扯到整个学校甚至大学头上去，但是应该吸取的教训是，管理机制上的不完善在客观上可能有助于造成腐败。平时不严格要求，文过饰非，大化小、小化了，等等，这些都是常见的“好人”所为，但实际上所产生的后果可能是“害人”。到乱子乱大了就不可收拾了。应该提倡从严办学，这不只是对事业负责，而且是与人为善，对集体对个人都是有益无害的。居安思危，对人的使用要慎重，安排要合理，要防患于未然，有些规定例如会计不能兼任出纳，不是不信任人，而是要从制度上防止可能出问题，这是很有必要的。

马国川：大学里的学术腐败现象，今年以来已经好几起了。

陈　懿：这是学风问题。封建社会里刑不上大夫，但现在是法治社会，法律面前人人平等，即便是校长也不能例外。而且从严治校，领导干部更应是表率，先从自己做起。一些推卸责任的行为若不加以纠正，势必带坏风气。我想这种现象终将会受到谴责的。

我们中国有句古话："十年树木，百年树人。"初看这八个字，人们可能会想到人能活百年的有多少，真要花一百年的时间去"树人"？反之，许多树倒是可以活百年的，为什么只用十年就"树木"了呢？可是我们聪明的先哲留下的恰恰就是"百年树人"这句至理名言，怎么理解？我想这话意在：要形成一个好的理念，一个好的环境，形成一所名校，要有好的传统并可以转化为物质的力量，而这需要很长的时间，所以才喻之为百年。李政道先生曾指出："引进不可能解决所有的问题，最主要的是本土研究的学识和精神是不是能够培养得起来。"这话十分精辟，妙在强调"本土"二字，妙在不仅讲学识同时还强调精神。适合本土就是要有中国特色，这就必须通过结合自身实际，继承、发扬、创新，持之以恒地精心耕耘，懈怠不得，也急躁不得，它必须代代相传。而这也是一所名校的不可替代之处，这是没有现成的"轨"可接的。

马国川：关键是直面我们的问题，寻找解决之道，尤其是在体制上和机制上作出安排。

陈　懿：大学要淡泊、要宁静，不能追风，不能浮躁。对一些这样那样的评估不必太在意，有的评估是做表面文章，评时上下忙，过后都是优，皆大欢喜。谈问题轻描淡写，不触及要害，这种评估多半无用，甚至会留下副作用。有的带有很大的随意性，令人不懂终究又有何用？例如，有人告诉我什么是研究型大学呢？有一种判断法是把全国一两千所高校按科研打分排队，从清华大学排起，然后在分值0.618那个点上切一刀，此前者是为研究型的，这是什么意思呀？

"黄金分割"分到这个上头来了，有什么依据？如果能够静下心，对现行体制和运行机制方面作些实事求是的过细分析，或许对办学理念和目标的进一步凝炼是有用的，解决之道说到底是可以探索得到的。

马国川： 可是国内的大学对大学排名都很当回事。

陈　懿： 有人问美国一所名校的校长，他说，我从来没有考虑过我的学校排名在第几位，我只考虑我应该怎么做。一所学校能不能办得好，关键是自己怎么做。不同的学校做法不一样，不同的学校进展也不会一样，全在于怎么做。无非是两件事：一个是认真，一个是要按照规律办事。不是为了给人家看和被牵着鼻子走。

马国川： 一个是认真，一个是按照教育规律办事，其实就是要脚踏实地。

陈　懿： 制定目标要切合实际，不能是空洞的、浮躁的，不能随大流。建设一流的大学，到底你的定位在哪儿？关键是怎么做，以及是不是都按照规律去做，而不是在一些表面文章上下工夫。办任何事情都要尊重规律，违背了科学规律就谈不上发展，最终都会碰钉子的。如果给予足够的重视，采取相应的有效措施，我们的高校是大有可为的，毕竟现在国家的实力和条件都比过去好多了。当然，我们要很冷静，有限的钱要花在刀刃上，艰苦奋斗的传统不可忘，毕竟我们还是发展中的国家啊！

（特别感谢曲钦岳校长的介绍和沟通，是他推荐了他的继任者陈懿校长，于是才有了这篇访谈）

采访时间： 2009 年 10 月 14 日

采访地点：南京 鼓楼区 南京大学

杨叔子

大学之道在育人而非“制器”

杨叔子 人物简介

杨叔子，中国科学院院士，著名机械工程专家。1933 年 9 月出生于江西省湖口县。1952 年毕业于华中工学院机械工程系并留校工作。1980 年成为湖北省两位最年轻的正教授之一。1981 年入美国威斯康星大学做访问学者。1988 年被国家人事部批准为有突出贡献的中青年专家。1993～1997 年担任华中理工大学校长。先后受聘为清华大学、浙江大学、南京大学、同济大学、上海交通大学等 30 所高校兼职教授、名誉教授。主编《中国大学人文启示录》。

采访手记

在北方数十年不见的一场大雪之后，我在石家庄登上南下的火车。车窗外，中原大地上到处白茫茫，“千里冰封，万里雪飘”的词句常常涌上我的心头，直到列车驶入夜幕之中。临近半夜，火车驶过武汉长江大桥，江面上有隐约的灯光，大概是夜航的船舶。火车速度逐步放慢，终于要抵达武汉了。

第二天上午，我走进华中科技大学的校园，迎面而来的是巨大的毛泽东全身雕像，据说这是全国大学校园里最大的一尊。我围着雕像走了一圈，没有找到任何文字性的说明，或许当初的建造者自信每个人都知道这是何人而不需要说明吧？

华中科技大学的办公楼很普通，绝对没有某些大学的办公楼那么像样气派。楼道里连普通的装修都没有。清瘦清瘦的杨叔子院士已经在办公室等我了，这位76岁的老人非常朴实，一再对我到武汉来采访他表示感谢。他送给我两本书，其中一本是《杨叔子槛外诗文选》，里面选录了杨叔子1978～2008年所写的诗词共186题200首。作为一名科学家，能够有如此人文修养在国内是很难得的，因为在新中国成立以后成长起来的中国科学家们少有像李四光、华罗庚等前辈科学家那样兼具深厚人文素养的。

杨叔子说，幼年时的“童子功”给他打下了国学基础，而“童子功”又得益于他的父亲。杨叔子的父亲杨赓笙是老同盟会员，“二次革命”后曾协助孙中山改组国民党。1923年孙中山在广东重建元帅府后，杨赓笙充任过总统府咨议、元帅府参议等职。在他六十多岁的时候老年得子，起名为“叔子”。不数年，抗日战争爆发，逃难中间没有机会读书，杨赓笙这位前清秀才就亲自课子读书。五年光阴里，杨叔子沉浸在传统的文化之中，深得其惠，虽然当时他并没有意识到这一点；而当他意识到这点时，他自己也已年近花甲了。

1993年杨叔子出任华中理工大学（后改为华中科技大学）校长。他倡导在全国理工科院校中开展加强大学生文化素质的教育，在国内外产生了强烈的反响。在他担任校长的四年里，“华工”掀起了“人文风暴”。杨叔子说：“科学人文，和而不同。”他认为科学和人文共生互动、相同互通、相异互补、和而创新。直到今天，华中科技大学在教学上还深刻地烙着“杨叔子时代的痕迹”——所有学生（包括理工科），每年考一次中国语文，不及格的不发毕业证；在校生每年必须拿两个人文学科学分，否则不能毕业。杨叔子还登上许多大学的讲坛，他的演讲总是激情四溢，充满诗性，古诗文随手拈来，让几乎不知道传统文化的年轻学子深为叹服。上世纪九十年代加强学生的人文修养也逐渐成为大学校园里的热门话题，尤其是在新世纪以来，“国学复兴”潮起，大学生也渐以谈国学为时髦。

在华中地区高校的学生心目中，杨叔子是一个灵魂式的人物。有人说，他不仅仅是一个科学家，更是一个有深厚人文精神的教育家。但是他对我说，他的国学基础和上一代知识分子比起来差得很远。我相信，这不是自谦之词。而且在采访中我也感觉到，他对于传统文化似乎过于沉迷，而对于现代科学民主似乎并没有什么深刻的认识。但是和那些既没有传统文化素养又没有现代文明观念的人比起来，我仍然对这位老人充满敬意。

■

主要问题不全在高等学校

马国川： 这些年来人们对高等教育的批评非常多，这些问题到底是怎么造成的？我们到底应该用什么方式来解决这些问题？

杨叔子： 我首先要讲一点，我国教育中的问题很多，高等教育中的问题很多，有的还十分严重，但这是教育尤其是高等教育发展中的问题，是我国发展中的问题。这就是说，首先是发展，同时确有问题，即是发展中的问题。

有教育界人士说过，教育问题很多，根本解决之道不在教育本身，而在整个社会，我赞成这个看法。一板子只打在教育部门身上，这是不公正的。从政府的经费投入，到社会的教育需要，到我国同教育直接或间接相关的体制、机制的运作，都不是教育部门本身能够解决的。譬如经济发展了，大学不扩招能行吗？肯定不行，因为社会对教育的要求比以前高多了。可是一扩招，各方面跟不上，由此产生了很多问题，有的还很严重。当然，在扩招上有些事情高等学校本身本来可以做得好一些。但是扩招这个主流是对的，由扩招带来的问题不能否定这个主流。不扩招，难道失业待业人数会减少吗？不会！只是大学生占的比例增多了。我们国家的教育总的发展是好的，义务教育几乎全部普及了，高等教育也从精英教育走上了大众化教育之路。不能否认教育成就特别是这三十年的教育成就，否则不好解释中国的发展。我们国家能够发展成今天的样子，没有这么多由教育培养出来的人才做基础，怎么行呢？所以我赞成“人民教育，奠基中国”的观点。虽然发展中间有些问题很难避免，但是为了进一步发展，我们必须如实地认识与研究我们高等教育中存在的问题，具体问题具体分析。千里长堤尚可溃于蚁穴，更何况现在有的问题已远非蚁穴，而是十分严重了。

马国川：那么具体到高等教育，到底有哪些具体问题需要面对呢？

杨叔子：高等学校有很多问题，有的还很严重，归结起来有三个方面：一是管理水平问题，二是教师水平问题，三是生源质量问题。从生源质量上来讲，学生质量同生源质量密切相关。生源都来自于中小学，可是现在中小学培养出来的学生，有的人格不够健全、感情不够健康、习惯不够优秀，这是在思想上的。学业上呢？有的基础知识不够全面、不够扎实，能力比较薄弱，思维不够灵敏。我认为，幼儿园、小学最重要的功能就是为学生做人打好基础，现在小学就是灌知识。幼儿园向小学学习，小学向中学学习，中学向大学学习，大学向谁学习？

马国川：有人开玩笑说，大学向幼儿园学习。因为大学教育学生不要打人、不要吵架，这些本来是幼儿园的教育内容。

杨叔子：是啊，幼儿园与小学主要是教学生如何做人，懂得做人该怎么做，培养最基本的做人的道德规范与行为习惯，但现在却要大学生补上这一课，不是有些颠倒吗？现在小学乃至幼儿园重视的是“培优”，其实应该称为“培忧”，不是“培养优秀”，而是“培养忧患”。不注重育人，不注重思想，只注重才能，重才轻德，不是为未来埋下忧患了吗？还有，中学文理分科、快慢分班也是不对的。如果说小学主要是为做好人打基础，那么中学里除了做人始终是一条红线外，还要为继续学习打好基础，因此要全面而扎实地学好基础知识，不应该搞文理分科、快慢分班。其实，搞奥赛班本质上并非为了发展学生健康的个性，而是为了高考。

马国川：不分科、不分班，怎么对待那些偏才的天才呢？

杨叔子：中小学里面真正偏才的天才是个案，有一些学生早熟，不等于是天才，更不应该把个案当成通案，把个别现象当成普遍现象。中学里基础知识应该全面而扎实地学好，偏科非常害人。教育的本质是文化教育，以文化育人。社会是靠文化的传承而延续的，是靠文化的创新而发展的。文化至少包含五个方面：一知识，二思维，三方法，四原则，五精神。知识是基础，是载体。有知识不等于有文化，没有知识就一定没有文化。过去我们习惯说“知识就是力量”，这话不一定全对。因为没有知识就没有力量，但是有知识不一定有力量。光有知识还不行，还要有思维。我国有一位先生创造了一个吉尼斯纪录，一口气可以背诵圆周率 67 890 位，打破了日本人创造的 3 万多位的吉尼斯纪录。深入一想，其实跟电脑比较起来没什么了不起，电脑只要内存够，60 万、600 万、6 000 万位都记得住。但电脑有个致命的弱点，它没有思维，没有原创性。

马国川：有学者说，其实电脑比五六岁小孩都不如，五六岁小孩能够在五六百个人中很快找到他的妈妈，但电脑却找不到。

杨叔子：是这样的。人有一种天赋的灵性，一种原创性，电脑绝对没有，因此，人一定要开发思维潜力，特别是原创性思维潜力。人可贵的是思维，只有知识、没有思维是个存储器，是个机器人，没有原创性。所以，在文化中思维是关键。有了关键还不够，方法是根本。一切东西都要通过实践，都要通过某种方式来实现。原则是隐含在知识、思维与方法中的，指导着人们，是文化的精髓。最后是精神，精神是文化的灵魂。

马国川： 谈文化就应谈到知识、思维、方法、原则、精神。

杨叔子： 是的，谈文化就应该谈到这五个方面。“古之学者必有师。师者，所以传道授业解惑也”。韩愈这句名言可以作个新的解释：“授业”就是传授知识，通过传授知识来解惑；“解惑”就是启迪思维、展示方法；通过启迪思维、展示方法来把握原则和升华精神，就是“传道”。

马国川： 这个新的解释把文化的五个方面都涵盖进去了。

杨叔子： 中学里学生学习课程有所偏重、有所爱好是对的，没有偏重就没有个性，但是偏科不对。偏科会造成只讲科学不讲人文，或只讲人文不讲科学，有所偏重有所爱好是对的，但是偏科往往就是偏废，偏废是错的，造成基础知识不全面不扎实，对将来成人成才都大有危害。所以中学文理分科、快慢分班，还有办奥赛班，都是目光短浅的、不对的。可是现在中学搞的就是这些，导致有的大学生基础知识不够全面，思维不够活跃，能力比较薄弱，加上幼儿园、小学忽视做人的教育，导致人格不够健全、情感不够健康、行为习惯不够优良。大学就要面对这些问题。

马国川： 也就是说，当前大学的问题是和中小学教育有很大关系的。

杨叔子： 所以教育改革是一个系统工程，要从整体上去改革，要从幼儿园、小学、中学开始，都要做。当然，大学本身也必须要力所能及地去做自己能够做与应该做的事。

■

病在急功近利

马国川： 有人恐怕会有疑问，强调中小学阶段的教育环节有问题，那么大学又应该做什么呢？

杨叔子： 大学是实施高等教育的机构。“大学之道，在明明德，在亲民，在止于至善”。翻译成今天的话语，就是大学之道在提高人的思想道德素质，在培养人的创新能力与创新精神，在更好地求得人的完善，服务于社会的建设与发展，以达到人类的理想境界。教育的根本问题是培养什么人，以及怎样培养人。培养什么人决定怎么培养人，怎么培养人又决定能培养什么人，这是不可分割的两个方面。大学首先的根本是育人，培养高层次的人才。大学还有一个根本问题是，办什么样的大学？怎么办好大学？大学是高等教育机构。“高等”是什么意思？要治学，要做大学问，这包括基础研究、技术研发、工程实施等等，包括硬成果、软成果，做它们里面的大学问。因此，大学不仅要育人，而且还要治学。治学首先服务于育人，因为大学是学校，如果治学不首先服务于育人，那就是研究机构了。同时，育人必须立足于治学，如果育人不立足于治学，那就是中小学教育了。

马国川： 如果高等学校首先不是育人，那就不是学校；如果育人不立足于治学，那就不是高等学校。育人和治学，哪个放在前面呢？

杨叔子： 这的确是一个大问题。现在我们一些高等学校特别是一些重点大学，往往把治学放在前面，这是急功近利的表现。这不仅是中国大学的毛病，而且美国的哈佛大学也有同样的毛病。2006年美国出版了一本书叫《失去灵魂的卓越》，是哈佛大学文理学院的前任院长刘易斯写的。什么是“灵魂”？就是培养对社会负责任的公民，也就是育人。什么是“卓越”？在众多学术里争第一，用我国的话讲，就是要在众多学科建设中争第一。刘易斯批评说，哈佛大学为了在众多学术里争第一而忘记了培育负责任的公民的义务，“灵魂”丢掉了。我读完这本书后作了一个归纳：重治学，轻育人；重科研，轻教学；重研究生教育，轻本科生教育；重教师学术的博大精深，轻教师的品德优秀对学生的影响；重市场对高等学校的功利需要，轻视学校对学生人格尊严的培养。最后归结为：重视近期的有形、有用，轻视长期的无形、无用。

马国川： 您总结得非常好，这些也恰恰是中国大学的问题。

杨叔子： 还有一本书叫《回归大学之道》，是哈佛大学的原校长博克（1971～1991年期间任校长）写的，他在哈佛大学当了二十年的校长，这本书也是呼唤美国大学要回归大学之道，要重视本科生教育。毫无疑问，现在哈佛大学仍然是世界最顶尖的大学，但还存在这个问题，我们的大学问题更重，急功近利之病更甚。比如，硬性规定老师多少年内要发表多少论文，要出多少成果才算称职、才能提职，教师搞不出来就弄虚作假。社会上有句话批评得很尖锐，叫“逼良为娼”。还有社会上激烈批评的“学术腐败”。不过我不赞同“腐败”这个字眼，“腐败”是政治用语，应该说“学术道德失范”或“学术行为不端”，失了规范，行为不端，弄虚舞弊，剽窃抄袭。目前，这个问题的确很严重，还有进一步发展的趋势。老师、学生以及有关人员中都有，这个现象是怎么造成的？跟急功近利很有关系。经济发展快，社会转型快，有些问题是通病，很难避免的。比如，日本明治维新以后的一段时期，也是急功近利，弄虚作假，假冒伪劣，道德失范。一个社会的进步，不仅仅要有物质层面的东西，而且还要有精神层面的东西。人是人，不是动物。一定要看到没有科学技术进步，就没有生产力进步，就没有经济社会进步。我国早就有句名言，叫做“衣食足而后知荣辱”，经济是基础嘛！但是只是科学技术进步，只讲究物质、经济利益，那么这个社会很可能就是危险的。如果一个社会的精神文明很落后的话，那么这个社会也会是很野蛮落后的；而如果一个社会科学技术、物质文明很进步，但精神文明却非常落后，那么这个社会也是灾难性的。所以，邓小平同志一再告诫我们：两手抓，两手都要硬。

马国川：现在大学的问题就在精神层面上。

杨叔子：最近我看了一个调查，1960 年有人对哈佛大学 1 520 位学生进行了调查，为什么入哈佛大学？入学的动机是什么？其中 81.9％的学生的目的是为了赚钱，还剩下 18.1％的学生是为了理想。20 年后再进一步跟踪调查，发现这 1 520 位学生里面有 101 位是百万富翁，其中只有 1 位是为了赚钱的，其他 100 位都是为了理想的。真正为了理想的人，有了高尚精神的人，最后成就了事业，为赚钱只见物质利益的人成为百万富翁的只有 1 位。为什么？因为有信念支持的人坚韧不拔，成功了；那种急功近利的而没有精神支持的人就中退却了。“不争，天下莫于之争”。为理想的，不为了赚钱的，结果财富反而来了，历史就是这么一部辩证法的历史。

现在整个社会很多问题就出在精神层面上。大学除了应该放弃急功近利、进一步加强精神方面的建设外，更关键的是一定要从体制、机制上入手进行改革。我们出现的问题是发展中的问题，可以理解，但是决不等于可以坐视不管。我们要更好地深化教育改革，努力解决前进中的各种问题，把教育推向更高的水平。体制、机制必定要有利于两个方面才去做，一是育人，一是治学。不同类型不同层次的学校有不同的做法，但是有一点是根本的，那就是德育为先。首要是德，当然同时必须要有才；或者说，首要的是学好做人，同时必须学好做事。做人和做事是不可以分开的。我国优秀传统讲的就是“德才兼备”，最确切了。“才，德之资也；德，才之帅也”。过去讲德才兼备，讲又红又专，这是对的。

■

最重要的是服务社会

马国川： 您认为一所大学到底应该具有什么样的精神？

杨叔子： 最重要的是服务社会。

马国川： 但是服务社会不是走到急功近利的地步去了吗？

杨叔子： 要能推动社会物质、精神发展，就是服务社会，这既包含了目前的，也包含了长远的。千万不能只看到目前的而忽视了、忘记了长远的。“大学之道在明明德”，人格要完善，完善人格必须要跟整个社会进步相联系。为什么世界四大古代文明只有中华文明存在，而其他都消亡了呢？因为中华文化，中华文化的价值核心就是国家重于家庭，家庭重于个人，爱国主义就是核心。“天下兴亡，匹夫有责”，这句话非常精彩。“天下兴亡”算集体，“匹夫有责”是个人。集体怎么得到发展呢？一定是个人价值得到体现。匹夫之责在何处？体现在“天下兴亡”上面，今天就体现在建设中国特色的社会主义的伟大事业上面。

马国川：如果总结一下，就是要继承我们的优秀传统思想资源。但是这里有没有这样一个问题，即中国传统文化有好的一面，也有不好的一面，比如说它缺乏对个人的尊重，缺乏现代民主、法治、自由。

杨叔子：这一切必须放在历史条件下去看。青年朋友要从历史的角度来对待中国的传统文化，中国传统文化延续了五千年，肯定有其精粹的地方。中国科技大学原校长朱清时与博士生姜岩一起写了一本书叫《东方科学的文化复兴》，我很赞成他们的看法。中国这两三百年是落后了，但是能不能用这两三百年的落后就否定过去中国的五千年？能不能用这两三百年就预测中国相当长时间之后的发展？绝对不能。东方文化和西方文化应该互相弥补，中华文化必将在未来的科学文化发展中起重大作用。有人或许会问：是“五四”运动对，还是中华传统文化对？我说都对。在“五四”运动的时候，不尖锐批判中华传统文化，就不能打破当时反动统治者利用中华传统文化加在中国人民精神上的枷锁，但是他们批判的实质上是许多形而下的东西，而中华传统文化的主流跟形而上是永恒的。比如说，过去中国有没有管理哲学？有，八个字："君君，臣臣，父父，子子。"从形而上学上去理解，就是各在其位、各司其职。我们过去可能过分强调了集体进而忽视了个人。但是西方过分强调了个人，过分强调了物质层面，进而忽视了人的精神层面，往往只讲物质不讲人，只顾局部不顾整体。中华文化有自己的大优点，学西方的时候不应该丢弃自己最优秀的东西。不能像梁漱溟先生所讽刺的那样，"抛尽自家无尽藏，托钵沿街作乞儿"。中国历代情况不同，但对国家的热爱对人民的热爱始终是中国历史的一条主线。所以我一直讲，不要简单讲"五四"运动对而传统文化不对，也不要简单讲传统文化对"五四"运动不对。两者的主流都对。得放在历史条件里看，不管怎么看，炎黄子孙绝大多数都是爱国的，都是为国家着想的。现在时代不同了，有代沟。我觉得有代沟是好事情，没有代沟就没有发展，但是在爱国上不应该有代沟。

马国川： *在您看来，爱国是核心。*

杨叔子： 杨振宁先生认为，中国文化价值观的核心不能否定。中华文化价值的核心就是国家重于家庭，家庭重于个人。这就是整体观，正是因为整体观，大家抱成一团，中华文化延续下来了。爱国主义是什么？国家利益放在第一位。个人的利益跟国家的利益在这一点上来看是没有冲突的，而是一致的。当然，搞教育首先要教育学生爱国，"爱"字很重要很根本。从根本上来说，没有"爱"就没有教育，没有"爱"也没有学术，不喜欢它怎么去育人、去治学呢？"爱"就是有责任感，没有责任感就不能育人，也不能治学。责任感的深处是价值取向，你追求什么？追求对父母尽孝，所以对父母有责任，要孝敬父母；追求对国家尽忠，所以对国家要有责任，这样才会积极参与国家的建设。因此，责任是最核心的，深层是价值取向，显层是行为准则。简而言之，大学要培育出既能爱国又会创新、既有民族情怀又有国际视野、既能做人又会做事的高素质人才。

教育有两方面的功能：一方面是工具性的功能，这一点的的确确不能忽视。你不教会学生建设社会、发展社会的知识和能力是绝对不行的。但另一方面，教育很重要的一个功能是塑造人，是精神层面的东西，这是非常根本的事情，教育的最终目的还是塑造人。所以只看到高等院校工具性的功能，而不看到高等院校目的性的功能，是片面的。我认为，大学教育最重要的是受教育者在人格上和精神上的完善，即成为全面发展而又德育为先的人。中国的教育者，毫无疑问，应努力学习西方先进的教育思想与经验，但中国教育自身的优秀传统，绝不能轻视，更不能丢失，这是我们的立足之基，应该去发掘、去继承、去弘扬、去发展。

■

大学之道在“育人”而非“制器”

马国川：您是一位科学家，但是这些年来您一直在呼吁大学要对学生进行人文素质教育，这是基于什么考虑？

杨叔子：大学的主旋律应是“育人”而非“制器”，是培养高级人才，而非制造高档器材。人是有思想、有感情、有个性、有精神世界的，更何况是高级人才；器是物，物是死呆呆的，再高级的器材，即使是高档的智能机器人，也只不过是具有人所赋予的复杂而精巧的功能或程序而已，其一切都不可能越过人所赋予的可能界限这一雷池半步。我们的教育失去了人，忘记了人有思想、有感情、有个性、有精神世界，就失去了一切。其实，我们的一切工作都是如此，都是以人为出发点和以人为归宿点的，并以人贯穿于各方面及其始终，更何况是直接培养人的教育？我国大学主旋律的特色是培养中国的大学生。这里，一是“中国的”，一是“大学生”。所谓“中国的”，我们大学所培养的学生应服务于中国，至少不应不关心中国，更不应损害中国，否则就是在培养“六亲不认，有奶是娘”的反对派，办这样的大学又是为了什么？所谓“大学生”，是与中小学生相对而言的。人就是不器的君子，才就是不器的大道，这种人才就是能不拘一格地去创新的人才。概括地讲，大学培养的人才，一要能爱国，二要会创新。归根结底，我们的教育面对的是人，我们中国大学教育面对的是中国的高级人才。教育是塑造人的灵魂的工程，大学教育是塑造人的灵魂的高级工程。忘了人的灵魂，教育也丢失了自己的灵魂，后果如何，不言而喻，最多不过是“失去灵魂的卓越”罢了。从某种意义上来说，这就是当今高教界普遍重视人文教育的缘由。

马国川：您曾经长期担任大学校长，您认为应该赋予大学怎样的理念？

杨叔子：1992 年我的前任校长即将离任时，教育部考察谁可以胜任校长，当时我是学校里的唯一院士，找我征求意见，我就说高等学校首要的任务就是培养学生，就是育人。后来在

1994年，有一位音乐家到我们学校里开音乐的人文讲座，讲的是严肃音乐。严肃音乐都有两个特点：一是有主旋律，一是主旋律极有特色。我当时听他的讲座非常感动，联想到大学教育的主旋律及其特色是什么，所以在两个小时的讲座中我都在思考这个问题。大学的主旋律就是育人，将学生当做人来培养，不是当成器具来琢磨，不仅仅是要做事，而且还要会做人，要有人的旺盛灵性，要有人的高尚人性。中国大学是培养中国大学生的。当然，培养留学生是另外一回事。我说中国的学生，首先是要为中国服务的，中国学生的标志不在于是不是黄种人，是不是炎黄子孙，更重要的是能不能服务于中国，这是非常重要的。一个民族的概念，主要不是基因的概念，而是民族文化的概念，是人文的概念。李铁映讲过一句话，文化是一个民族的身份证，如果没有这个身份证，那成了什么人了？那就是“黑户口”，这是一个种族，不是民族。因此，培养中国学生，一要服务于中国，有爱国主义，有民族的情结；因为同时是大学生，不是中学生，因此不仅仅是要学习文化、继承文化、应用文化、传播文化，而且还要能够创造文化、创造知识。如果不创造，怎么谈先进、发展？因此培养中国大学生，第一是中国的，服务于中国，而且第二会创新，能开拓创新。回到我前面说的，我喜欢的学生应该有这些特点，即爱国，而且有基础、有能力去创新，去担负起时代赋予的历史重任。

马国川： 我感觉在您的身上中国传统文化与现代科技有一个完美的结合。传统文化和现代科技怎样结合？通过您自身的感受，您认为中国传统文化对您的科学研究有帮助吗？

杨叔子： 人文对科学有四大作用：第一个是引导方向；第二个是提供动力、精神力量；第三个是保证原创性的开拓源头；第四个是人文为科学提供广阔的应用战场。同样，科学对人文也有四大作用：一是为人文奠定正确的基础，一切人文的活动都要符合客观规律，否则一定会失败；第二，科学为人文提供原始素材；第三，科学为人文提供正确的道路，正确的东西一定要符合逻辑；第四，人文为科学提供广阔的应用战场，科学为人文提供强大的武器。所以，科学对人文以及人文对科学都是相辅相成的。人生活在世界上，办事一定要符合客观规律；同时，作为人还必定要有人文精神，否则就比禽兽还坏。

■

我坚决反对大学搞级别，但是现在还不能取消

马国川： 现在很多人在批评大学教育有很多问题，其中包括大学行政化，其实原因很可能是现在缺乏一些真正献身教育的教育家。

杨叔子： 现在大学行政化太厉害，我认为这是一个巨大的乃至根本性的缺陷。美国的校长一干就是十年二十年，干四十年的也有。中国有多少？大学校长任期很短，现在规定了大学校长最多两届，两届一结束就一定得下去，跟行政部门一样。另外，副职可以搞到 60 岁，最多到 65 岁。因为现在存在教育行政化，所以难出真正的教育家。可是目前中国社会几乎处处在搞“官本位”，不搞级别恐怕目前做不到，

甚至有的工作无法进行。对大学，我坚决反对搞级别，但是目前不搞级别也不行，因为整个社会都是“官本位”的，高等学校没有级别怎么生存？我坚持将来必须取消大学的级别，为了将来取消而现在我赞成。

马国川：这不是矛盾吗？

杨叔子：我跟你讲一个故事。中学只能是处级，有一个副省级市的市教委主任跟我讲，他把两所中学搞成了副厅级，结果呢？这两所中学发展得很好很快，为什么？校长是副厅级，好和其他部门打交道，容易获得资源。为了铲平山头必须要承认山头。为了取消，在短时间内可能还要搞“官本位”，这真是没办法的办法。或许合乎老子讲的“将欲废之，必固兴之”吧?！因为要跟政府部门打交道，那没有级别怎么办？不好办，拿不到项目、资源啊。过去我当校长的时候不是副部级，省里一开会我就坐在后面。所以只能逐步解决。中国只能积极地、小步地、稳健地向前推进。不积极，就根本改革不起来；大步的话，可能会过头，时间花得更多；走一步就是一步，这就稳健，反而快了。

马国川：但是从教育上来说，并不存在大步的问题，现在连小步都没有。

杨叔子：要积极，走一步是一步，积小胜为大胜。大学彻底消除行政化不可能，目前在我们国家，很难，虽然我坚决反对高等学校内部的“官本位”、行政化的官僚作风。

马国川：您还是非常现实主义的。的确，大学内部在工作作风上也出现了行政化的现象。

杨叔子：大学要尊重教师，学校建设要有两支队伍：一支是教师队伍，另一支是干部队伍，都很重要。但是终归一句话，一切都是为了教学科研。育人重要，科研重要，都要通过教师实现，必须把教师服务工作做好，必须重视和尊重教师。如同打仗一样，“一切为了前线”，但这绝不是讲后方指挥机关不重要；没有指挥机关，怎么作战？但战争的胜利最终取决于前线，学校也是一样。应该讲“教师队伍是基础，管理队伍是关键”，只有干部队伍好了，教师的积极性、主动性、创造性才能调动起来，二者不可偏废；它可以有偏重，但是决不能反过来，把行政当成中心。

马国川：但是现在一些高校里的教师很愿意去当官，因为当了官之后就可以获得很多资源，包括学术资源申请起来就容易。

杨叔子：是有这个情况，有人不愿意当教授而愿意当个处长。上世纪八十年代有位大学校长调到某某部当了副部长，这所大学派一个代表团到英国访问，英国方面就有人问：某某先生犯了什么错误了吗？在英国，校长的地位比部长的地位还要高，但是中国却不同，部长位置比校长位置高。其实，校长、大学定位在学术领域，部长、行政机构定位在政治领域，两个概念不同，不能比较。中国没办法，只有逐步淡化它。

马国川：我看您对中国的高等教育还是持乐观的态度的。从您个人接触的角度来看，中国高等教育和国外高等教育现在看有多大差距？

杨叔子：我认为差距的确存在，但是绝对不如人们想象的那么大。两个原因，一个评价标准不够公平。大学培养出来的领军人物算不算？哈佛培养了多少？清华、北大培养了多少？清华、北大培养出来了那么多领军人物绝对是世界一流的，看看我国政坛、学术界、实业界等的领军人物就十分清楚了。如果只看所谓学术上的成就那就不公道了。学术当然必须看，衡量一所大学的水平，一是培养出来的学生，一是学术水平。第二个不公，因为中国开放晚，融入国际比较少，国际会议、国际刊物等等对我们还不那么密切，这又是个不公。

马国川： 但是有学者说，中国和世界的科学技术水平差距越来越大。

杨叔子： 我不赞成笼统的说法，科学水平有差距，但总的讲，差距在缩小，中国名牌大学和世界名牌大学的差距也在缩小。

马国川： 现在的差距主要是什么？

杨叔子： 还是在学生质量与学术水平方面，当然深入一层，涉及高等教育的体制与机制。

马国川： 在大学制度层面上是不是也有很多问题？

杨叔子： 是的，这就是体制、机制问题，但是我们不能照搬西方的那一套，这跟中国整体情况有关系，一方面中国一下达到不了，另一方面，也不应同西方的一样。在目前的情况下，深化改革，应该是积极的、小步的、稳健的，走一步是一步，积小胜为大胜，方能发展迅速。现在很重要的就是多试点。我对未来充满信心，但毕竟目前大学问题是相当严重的，不能视而不见，不能讳疾忌医，应该严肃地并实事求是地对待这些问题。

采访时间： 2009 **年** 11 **月** 15 **日**

采访地点：武汉 华中科技大学

刘道玉

我理想的大学什么样？

刘道玉 人物简介

刘道玉，1933 年 11 月生，湖北枣阳人。1977 年任国家教委高教司司长，对恢复高考起了推动作用。1981～1988 年担任武汉大学校长，是当时国内高等院校中最年轻的校长。在任期间，他在武汉大学率先推行了学分制、插班生制、导师制、取消辅导员等一系列改革措施。曾出版《高等教育改革的理论与实践》、《知识·智力·创造力》等十多部著作，发表论文三百多篇。1985 年获得法国总统（密特朗颁发的）最高荣誉勋章，1987 年获日本东洋哲学学术奖章。

采访手记

客厅里摆放的一盆花吸引了记者的目光，绿油油的叶子很肥厚，上半截是红色的，似花非花，很漂亮。刘道玉告诉记者，它叫凤梨花，是春节时学生送的，蕴含着“鸿运当头”的吉利之意。卖花人为了招揽顾客，把原来用一个个劣质小塑料盆种植的单株花，在卖的时候把它们拼装到一个硕大的瓷花盆里，然后以高价出售。“这些花连续几年移植都移不活，因为它们里面没有营养，都是糟糠，这跟现在大学里某些滥竽充数的教授一样，好看不好用。”

这犀利的话语出自眼前这位老人之口，并没有让记者感到意外，这恰恰表明，76 岁的刘道玉仍然保持着敏锐的思维和批判的锋芒。

三十年前，已经是教育部党组成员兼高教司司长的刘道玉辞职南下，回到母校武汉大学。1981 年他被任命为武汉大学校长，是当时中国重点大学中最年轻的一位校长。刘道玉曾说：“我本不想做官，也就不怕丢官，那么就不会为‘保官’而前怕狼后怕虎了，也就可以无所顾忌地发挥自己的创造力了。”“我这个人最喜欢一个字，那就是‘变’。有了这个字，就有了创新的最大驱动力。”他首创并推行的一系列高教改革，如学分制、插班生制、导师制、转学制、主辅修制、双学位制等等，都为全国所瞩目，从而使武汉大学成为当时教育改革领域里的急先锋，也成就了武汉大学一度的辉煌。他本人也成为上世纪八十年代大学中的风云人物。

但是，1988 年锐意改革的刘道玉突然被免职。虽然有许多机会离开母校甚至到其他大学出任校长，但是他都拒绝了，一直坚守在武汉大学。

二十年风雨苍茫，当年电影《女大学生宿舍》里意气风发的校长路石的原型，而今已是苍苍老者。因为中风后遗症，他的右手已经不能写字，但是他通过电脑键盘，艰难地敲出一篇篇文章，为教育提意见、陈建议，锋芒不改，犀利依旧。

在采访中，他多次引用国内外人士的话来论证自己的观点，记忆之准确，令记者深为佩服。当他说到“中国是世界上最大的教育实验场地”时，记者似乎能够感受到他那跃跃欲试的憧憬之心。可是，谁还会给他机会，哪怕是倾听他的声音?

我突然想起陆游的词句：“胡未灭，鬓先秋！泪空流。此生谁料，心在天山，身老沧州!”在那个风雨飘摇的时代，陆游难展其志，但是纵然波折一生，无论怎样的苦难都无法磨灭他自己的理想，就算是已经鬓如霜，仍然“心在天山”，仍然无法回避这份对天下苍生的责任。

难道，我们不应该对这些人献上我们的敬意吗?

■

二三十年后教育危机更严重

马国川：近年来社会上对教育批评很多。

刘道玉：现在中国教育问题确实很多，大学问题更多，年复一年地扩招，拿着本科毕业证、戴上硕士和博士帽子的学生一批批地走向社会。我们也可以自鸣得意，但这就是办教育吗？当然，地球照样转，中国大学的教育照样运转。不过这就像一个病人一样，身上的病并没有根治，元气并没有恢复，只能是低效率的运转。它不能造就杰出的高质量的人才，不能产生高水平的学术成果，不能产生中国的学派，不能产生世界公认的大师。虽然我国大学生和研究生的数量位居世界前列，特别是大学生的数量是世界第一，但是我们又培养出了多少杰出的世界顶尖的人才呢？恐怕微乎其微。包括诺贝尔奖在内，和几乎所有的基础科学领域的世界大奖，如天文、数学、物理、化学、生物、地学、地质学、建筑学、计算机、文学、新闻学，所有都是空白。据我统计，诺贝尔奖 107 年了，大概有将近 700 位获得者，其中有 600 人都分布在世界一流的大学里，而中国到现在仍然没有。有人统计，一个新兴国家，在建国三十到四十年内，必定实现诺贝尔奖的突破，而中国即将迎来新中国成立六十周年大庆，但却还没有一位诺贝尔奖获得者。

马国川： 最近教育部正就《国家中长期教育改革和发展规划纲要》公开征求意见，您注意到了吗？

刘道玉： 我没有看到。康有为说："变事而先变法，变法而不变人，则与不变同矣。"如果领导和制定规划的人没有变，观念没有变，能做出一个体现时代精神的中长远改革和发展纲要吗？事实上，过去制定过多次纲要，1999 年搞出来的《面向 21 世纪教育振兴行动计划》，那也是长远的，得管一百年呢，但哪一个真正落实了？有哪一个体现了改革的精神？都没有。外行看热闹，内行看门道。我们看的是本质问题，看到的不是表面那样的"繁荣"。中国教育二十年以后、三十年以后危机还要严重，为什么？因为现在有这些不合格的教授带出不合格的研究生，这些不合格的研究生戴上了博士生帽又到研究单位或高等学校去培养更多的更不合格的学生，这就进入到了人才“恶性循环”的怪圈之中。所以，我说二十年以后、三十年以后中国的教育和科学问题还要严重。

中国高等教育潜在的问题，就是中国未来教育和科学的危机、人才的危机，许多人没能看到。现在实际上是教育部门、学校和家长联手起来扼杀学生的想象力和创造性。上世纪八十年代大学校园里宁静得很，没有人来陪考，学生返校报到也没有什么家长陪着，更没有陪读的。可是现在连研究生都有陪读的。以前有些家长把孩子吊起来拿棍棒打，那是愚蠢，而现在有些家长对孩子过分溺爱和包办，也是一种愚昧，是另一种扼杀。

马国川： 这是另外一种棍棒教育。

刘道玉： 历史经验表明，教育凡是经过一次大跃进式的发展或者经过一次大的破坏，一般都是要经过一个整顿的调整时期的，使教育恢复元气，才能走向正确的发展方向。1958 年给教育造成的破坏比现在还厉害，那是灾难性的。1958 年的教育的错误是两条：一条是瞎指挥，一条是冒进。1958 年的破坏把大学的正常的教育秩序都冲击掉了。大炼钢铁，学生把门都敲了去炼铁，把暖气片都敲了去炼铁。学生不上课，学生批判教师，打擂台，教科书不要了。牛顿三大定律也否定了，化学元素周期表要破除。以“阶级斗争”为课堂，以社会为工厂。把思想搞乱了，把教育的秩序搞乱了。没有正常的教学计划，没有课堂，没有实验室，都到工厂去学习了。怎么办? 1962年中央召开高等教育工作会议，制定了“高等教育工作六十条”，层层传达，按六十条进行整顿。受到批判的教授被平反，受到冲击的教学计划得以恢复，教育很快就走向正规了。所以我说，现在不是办不到，而是没有有胆识和有魄力的人来拍板，来组织这样的会议，来制定这样的规范。

马国川： 非不能也，是不为也。

刘道玉： 不是办不到，而是不想办，没有懂教育和有魄力的人来办，而是闭目塞听，结果是在错误的道路上越走越远。

教育依然停留在计划体制上

刘道玉： 我写过不少文章，呼吁中国教育需要进行一场真正的体制变革，关键是教育行政部门要转变职能，坚决、彻底放权。

马国川： 现在高校对教学评估意见很大，您认为需要什么样的评估?

刘道玉： 现在的评估不科学、不合理，应该进行改革。我提出了三条：第一，要建立一个崭新的独立的评估机制。建立独立的、不隶属教育部的大学评估机构，独立进行评估。因为教育部来评估，都是事先通知学校的，学校提前做准备。独立的评估机构进行独立的评估，可以不受教育部门的干预。第二，随机评估。不需要搞集中式的、运动式的评估。评估机构随时调查，根据平常的随机评估累计起来发布总的评估结果。一个人只有他（她）没有任何化妆才能展示其真面目。我们评估的目的就是要反映真实的状况，努力改进工作，一个经过准备了的、掩盖了的评估只能是假评估，劳民伤财。第三，非功利性评估。评估机构进行的评估不带指定的目的，既不涉及到拨款，也不涉及到树立示范学校，也不给学校排名次，评估完了，给受评估的学校发个证书，各有关单位根据自己的需要引以为参考。

马国川： 就像美国的 SAT、GRE 考试一样，考完了给你个证，你报哪个学校、学校录取不录取，跟我没有关系。

刘道玉： 对，仅供参考。评估不跟任何利益挂钩，政府部门可以参考。评估一旦跟利益挂上钩了，就会造假。

马国川： 这意味着要进行教育体制改革。

刘道玉： 对。我举个很简单的例子，一个外科医生得了胃穿孔需要胃开刀，他自己不能动手，必须由别的医生来给他开刀。教育行政部门现在也生病了，它自己给自己治不了病，必须由外力来推动它改革。中国改革需要从教育行政部门改起，教育行政部门不改革，中国教育怎么改呢？

马国川： 改的方向就是教育部放权。

刘道玉： 对，中国的高等教育改革就是要从教育部放权开始。这个话题提了都快三十年了。1979 年原北大校长周培源从美访问归来后就在《人民日报》上发表文章，呼吁教育部放权。但当时教育部部长认为放权的时机还不成熟，认为放了就会乱，所以这个传统就一直延续到现在。

我们大家都看到，教育部近些年推出了许许多多的教育工程，教育工程就是计划，教育工程越多，教育计划性就越强，是典型的计划经济思维在教育战线上的表现。如果说我们经济体制转轨了，可是我们的教育却还依然停留在计划体制上。大一统的体制与大学独立自治是对立的，所以要进行教育体制改革。

大学需要怎样的校长？

马国川： 应该说，教育的计划体制一直存在，但是为什么在上世纪八十年代教育改革能够开展得有声有色？

刘道玉： 虽然上世纪八十年代的教育也在计划体制下，但是就像画圆，两个圆圈交叉而不重复，总有一个空隙。再计划的管理体制也还是有空隙的，这些空隙就是我们改革的空间。现在也有这种空间，关键是去不去做。当然现在缺乏当年那样的改革大环境，而且不少大学校长和上世纪八十年代相比是很不相同的。

在中国一百多年的大学历史上，大学校长有三种类型：第一种类型是学者化的职业校长。像蔡元培、蒋梦麟、梅贻琦等，他们都是留学西方国家的留学生，梅贻琦是物理学博士，蒋梦麟是美国的历史学博士。当了校长他们都不再搞专业，专心致志地从事教育，以校长为职业，所以我把他们叫做学者型的职业校长。第二种类型是革命化的职业校长，如蒋南翔、江隆基、成仿吾、吴玉章等，他们都是投身到革命中的知识分子，经受了革命的锻炼，有很强的领导能力，又从实践当中成为教育家。二十世纪八十年代之前的大部分都是这一类型的校长，像邓旭初、匡亚明、屈伯川、朱九思等。第三种类型是学者型的校长，既当校长又要搞业务，这差不多从二十世纪九十年代开始。我认为，纵然是天才，一心二用你也搞不好。

马国川： 孟子说："鱼我所欲也，熊掌亦我所欲也，二者不可得兼，舍鱼而取熊掌也。”

刘道玉：校长我所欲也，科研亦我所欲也，怎么能得兼呢？七十多年前陶行知说：“当一个小学校长，不仅是两百学生的导师，而且还是一两百户、一两千人的导师，其地位的重要好比一个作战团的团长。”“做一个学校校长，谈何容易？说得小些，他关系千百人的学业前途，说得大些，他关系国家与学术之兴衰。”我们现在有几个是专心致志地把校长作为职业来追求的呢？没有。其实，其中有些人的素质还是不错的，也有英美留学背景的，但关键是他们不把这样的职业当事业去做。

马国川：缺乏真正的职业化的教育家。

刘道玉：所以我一直呼吁大学校长职业化。像英国、美国那么多的大学校长，有几个院士当校长？人家是选有教育思想的人当校长，选有管理能力的人当校长。我们这里是看谁的学术地位高、谁的学术名声大，就选谁当校长。从一开始，我们选校长的标准就走入了误区，比如，有院士的学校一定得找个院士，没有院士的就得搞个博士生导师，没有博士生导师的就得选个教授。

马国川：选校长的标准存在一定问题。

刘道玉：是。道理很简单，校长所需要的不是他的专业知识，而是他的管理能力、教育思想和改革开拓能力。

■

搞教育的人既要懂教育还要研究教育

刘道玉：2005 年 7 月 29 号，温家宝总理到医院看望钱学森，本是征求他对“十一五”科技规划发展意见的，可是钱学森说我要讲一个教育的问题，“现在中国没有完全发展起来，一个重要原因是没有一所大学能够按照培养科学技术发明创造人才的模式去办学，没有自己独特的创新的东西，老是‘冒’不出杰出人才。这是很大的问题”。这是钱老说的话，可是到 8 月 23 号报纸才报道出来。如果说我们这些人发表意见人微言轻，不足挂齿，那么钱学森可是中国科学界第一大师、“两弹一星”的功勋科学家。2006 年 11 月 20 号，温家宝总理在中南海第四会议室召开座谈会，他在会上又复述了钱学森的建言，然后征求六个教育家的意见，希望他们谈谈自己的想法，但最后也没有说明白中国的大学为什么培养不出大师来。

马国川： 参加会议的教育家们似乎也没有给出正确的答案。

刘道玉： 钱学森已经明确说了，没有一所大学能够按照科学技术发明创造人才的模式办学，可是现在好多人读不懂钱先生的建言。我为什么对这个问题感兴趣，因为我是研究创造教育的，我设计出创造教育的模式，可惜没有人去实验。

马国川： 在现有的空间里，一些大学恐怕也有它们的难处，它们能做什么？

刘道玉： 要是想做还是能够有所作为的，关键是想不想做。再一个是，搞教育的人既要懂教育还要研究教育，不要只会说官话而不会说行话。我看过两所重点大学校长发表的言论，他们说大学应该更多地培养蓝领人才。如果是职业教育学院的校长说这个话，尚有情可原，可是出自两个重量级大学的校长之口，就有些不伦不类了。为什么要有重点大学？很简单，负责培养和提高少而精的理论型和研究型人才，从事原创性科学研究。提高就是让你培养蓝领吗？实在让人看不懂。作为大学，特别是一流的大学，就是要扎扎实实地从事原创性的学术研究。从事这种研究不能有丝毫的功利主义，不能有丝毫的立竿见影的思想。“短平快”是违背一流大学的建设方针的。一流大学关注的始终是终极问题，就是影响社会发展和影响科学发展的前沿问题，这是一流大学的使命。

还有一所大学的党委书记曾对媒体说，高水平大学培养的人“既要进得了厅堂又要下得了厨房”，尽管可能是一个形象的说法，但是这个比喻也错了。进厅堂、下厨房的人在职业学校培训一两年就够了，还用得着上大学吗？这些谈话从一个侧面反映出某些大学的党委书记、校长不懂教育学。

马国川： 这些都是实用主义的观点，现在很流行啊！

刘道玉： 我国重点大学深受功利主义的影响，难道不是吗？现在许多重点大学都没有摆正办学方针。德国著名的女哲学家汉娜·阿伦特对大学的实用主义进行了批判，她说：“当大学决心经常为国家、社会利益集团服务的时候，马上就背叛了学术工作和科学本身。大学如果确定了这样的目标，无疑就等同于自杀。”再有，现在我国大学校长的选拔机制也存在问题。中国不是没有人才，只是没有人才自荐、推荐、竞选的机制。如果没有正确的遴选机制，仍然按照考核和选拔干部的办法，即使有优秀的人才，也不可能被选拔到校长的岗位上。

马国川： 有个形象的比喻：“教授家中坐，校长天上来。”

刘道玉： 都是空降兵嘛，谁空降他，他就对谁负责。只对上面负责，不对下面负责，这样他就不会真心地去研究教育、去研究怎么办好教育。现在干部到外地工作户口都不转，家属也不随调。有的大学书记、校长工作在外省，但户口和家却在千里之外的北京，工作时间不说，怎么能够体现“以校为家”?

上世纪五十年代风气好，干部走到哪儿全家搬到哪儿。我举个例子，1957 年湖北省委秘书长刘真被任命为武大党委书记，湖北省委离我们这儿也就是一站汽车路远，但他的户口迁到了武大，他的全家也搬到学校里来了。1958 年，中共中央交通部副部长刘仰峤被任命为武大党委第一书记兼常务副校长，他全家五口人都从北京搬到了武大。搬家不仅仅是一个形式的问题，它是一种作风。是不是以校为家，是不是与师生同甘共苦，这是检验一个干部工作作风的标准。现在家都不搬，鞋底擦油，随时可以溜掉。不仅大学是这样，地方政府来的“空降兵”干部也都是不搬家的，这怎么取信于民呢? 怎么能够把工作搞好呢?

马国川： 今昔对比很鲜明，发人深省。

刘道玉： 飞机飞来飞去，专车跑来跑去，这种风气能够服人吗? 因为干部只对任命他的部门负责，不需要听取群众的意见，群众有意见也无可奈何。所以大学越来越行政化，干部越来越官僚化，就是这个道理。

马国川： 因为干部官僚化，所以就产生不了真正的教育家，或者说不是把校长视为职业而是视为官位。

刘道玉： 教育家并不神秘。以写作为生的就是作家，以画画为生的就是画家，以唱歌为生的就是音乐家，从事科学的就是科学家，从事教育的就是教育家。当然教育家的水平、能力是有区别的，也有不同层次的教育家。中国的教育源远流长，但是中国的教育家在世界教育史上基本没有作出过重大的贡献。

马国川： 可以这么说吗？

刘道玉： 可以这样说。中国的教育可以说是从孔子开始的。孔子是世界著名的思想家，他也有很多先进的教育思想，但他没有形成完整的教育理论。在世界教育史上，中国的教育家基本上没有地位。孔子他不是列在世界教育家的排行榜上的，他是思想家。

马国川： 为什么中国不能产生世界级的教育家？

刘道玉： 原因就是中国封建社会沿袭了两千多年，影响很深，教育没有走出家庭私塾这样一个范畴，没有一个先进的教育理论作为指导。教育跟哲学是相通的，世界著名的教育家都是哲学家或具有深厚的哲学功底。你看看西方的教育家大多都是哲学家，从柏拉图、亚里士多德、洛克、康德到杜威，全都是哲学家。中国搞教育的没有深厚的哲学基础，而哲学家又不涉足教育，基本上不进行教育改革试验，所以这就是中国教育理论落后的原因。

马国川： 那蔡元培呢？

刘道玉： 蔡元培在中国教育史上占有重要的地位，他的教育思想至今仍然具有重要的指导意义。但是蔡元培的教育思想基本上都是西方的，如学术自由、思想自由、兼容并包等，都是借鉴西方的，没有形成他自己的理论体系。

■

“教授治学，校长治校”

马国川： 您说二三十年以后中国的教育问题会更严重，最后会以什么方式来解决问题?

刘道玉： 还得从源头做起。首先要恢复大学的独立性，没有独立性，建立现代大学制度就无从谈起。从世界来说，成熟的大学制度有四种模式：第一种是德国模式。德国大学源远流长，起源于中世纪。德国大学从一开始就是集权制的，政府管制大学。第二种是英国模式。英国大学历史悠久，源于牛津和剑桥大学，基本上都是行政和学术分权制，政府和学校当局行使行政权力，教授就是学术自治、学术自由。第三种是美国模式。大学完全独立，教育部不管，以至于哈佛大学招生、分配、经费、校长、终身教授审定等，都是大学董事会或校长自己管理的。

马国川： 美国的教育部管什么?

刘道玉： 美国 1980 年才成立教育部，教育部就管两件事：第一件是教育信息统计。全国所有的教育信息都归它管，这些信息为全国所公用；第二件是教育公平。一旦发现了教育不公，它就要干预。

第四种模式是日本体制。日本是一个国家主义至上的国家，所以日本政府对大学的控制是比较严格的。这四种模式的共同特点就是有严格的法治，严格按照法律办事，学校享有充分的学术自治、学术自由。

马国川： 中国属于哪一种模式?

刘道玉： 中国现在的教育还带有许多计划体制下的色彩，和日本式的集权制有所不同。《中国高等教育法》颁布十年了，但落实的却没几条。

马国川： 中国有些人一直都在呼吁教授治校，但是也有人说，即使搞教授自治，现在教授的素质也不行。

刘道玉： “教授治校”这个口号从上世纪五十年代一直争论到现在。“教授治校”不准确，怎么治？通过什么途径治？校长治校，校长的责任就是治校的。我想，准确的提法应该是“教授治学，校长治校”。教授治学，然后由治学人来选择治校人，校长治校，这符合教育规律。因为治学人最懂得选拔什么样的人来做校长以及来管理学校。教授治学，就是保证教授学术自主和学术自由。要保证大学的独立和自主，没有这一条，谈不上教授治学。现在大学是受教育程度最高的场所，那里有文明程度最高的一个群体，也是民主意识最强的地方，在大学里举行校长选举是最有条件的，并且条件是最成熟的。1949 年以前的大学校长都是教授选的，一个大学校长缺席了或辞职了，教授会和学生会联合派出一个代表团到全国各地去寻找校长，这就是大学独立的体现。为什么教授会和学生会一起选呢？这是因为校长关系到教授和大学生的切身利益，他们比组织部门更关心校长的遴选。

马国川： 国外是一种怎样的大学制度？

刘道玉： 和我们比起来，美国的大学就是高度自治和高度自由的，而且是多样化的。举例子来说，美国哈佛大学是典型的校长负责制，校长跟董事会严格地区分职权（行政）的范围，董事会不能干预校长的活动。耶鲁大学就是典型的教授说了算，教授会不同意你就不能办。普林斯顿大学是董事会说了算。

从学校特色上看也是不一样的。哈佛大学有思想而没有学派，耶鲁大学则有学派而没有思想，而芝加哥大学是既有思想又有学派。从学科来讲，美国最好的政治大学是华盛顿大学，因为华盛顿大学跟美国国会在一条街上，学生就有机会到国会去参加会议、学习政治；最好的企业家大学是宾夕法尼亚大学，出了很多知名的企业家。大学各有各的特色，没有都要搞综合性大学的或者都要搞一流大学的。加州大学拥有十万之众的学生，超大型的规模；而加州理工学院只有数千名的学生；洛克菲勒大学只有几百名学生，不招收本科生，只培养研究生，但却有十名诺贝尔奖获得者。所以美国既有超大型大学，也有微型大学，它就没有统一的规范，这就是美国大学多样化的一个最好表现。中国大学虽然学术水平、师资力量、教学条件有高低，但是办学模式却是千篇一律的。

马国川：按一个模子刻出来的。

刘道玉：是一个模子刻出来的，这就是中国大一统教育体制的弊端。解放以前北大、清华各学校的特色还很鲜明，但是现在这些学校越来越没有自己的特色了。美国普林斯顿大学也是一个很小的学校，只有六千人，校长伍德罗·威尔逊后来担任了两届美国总统。哈佛大学代表团到普林斯顿大学去参观的时候，威尔逊校长致欢迎词说："先生们，我们不是哈佛大学，我们也不想成为哈佛大学。"这些学校不赶时髦，各有各的特色。

美国有最保守的耶鲁大学，有最激进改革的斯坦福大学，风格各异，没有谁干预大学的风格，各大学带着自己的历史、文化、特点往前走，慢慢地形成了一个传统。所以有人说，美国是一个世界教育大国、教育强国，为什么？就在于不跟着别人走。美国不跟着别的国家走，美国大学也不跟着别的大学走，它要实践自己的办学理想，要选择自己认为最合适的教育制度，就是这样一个思路造就了美国的教育大国、教育强国的地位。而我们这儿是恰恰相反的，都要搞“一流大学”，都要搞“研究型大学”，美国4 200所大学，研究型大学只有126所，其他的也没搞什么“研究型大学”，心安理得地各走各的路。

马国川：美国的大学很有特点。

刘道玉：中国是一个重形式、重名节的民族，人们的思想是趋同型的。美国人不管这些，人家只管做事，不赶时髦。人家也只有126所研究型大学，相当于中国大学总数的0.3%。现在中国各大学都要成为研究型大学，都要成为一流的大学，这怎么可能呢？一流不是计划出来的，也不是口号喊出来的，而是一个扎扎实实的建设的过程。

马国川：美国大学的办学模式还是很有启发性的。

■

我理想的大学制度

马国川：我们需要建立一个什么样的大学制度？怎样才能够建成科学合理的大学制度？

刘道玉：理想的大学制度与理想的大学是相辅相成的，没有理想的大学制度，建设理想的大学就没有保证。中国未来教育的希望不在于某一个领导人身上，也不是一个教育家的问题，关键在于制度，我们要敢于去改变现有的制度，开创未来。

我所说的理想的中国大学制度，在很大程度上是指为数不多的准备建成世界一流的重点大学，它们应当以研究高深学问为己任。这样的大学应当拒绝功利主义，远离媒体，引导师生树立“以学术为志业”的终身志向。这样的大学应当具有什么样的制度呢？理想的制度就是：独立、多元化、开放。什么叫独立？就是没有依附性。法国哲学家、解构主义代表人物德里达说：“大学是无条件追求真理的地方，大学独立到什么程度？大学不仅相对于国家是独立的，而且相对于市场、公民社会、国家和国际的市场也是独立的。”

马国川： 这个话是很深刻的。

刘道玉： 为什么是要独立的？这是教育这个特殊职业的需要。康德说：“大学是一个学术共同体，它的品性是独立追求真理和学术自由。”在西方大学有一千多年的历史，中国才一百多年。为什么西方能够保持大学自治？因为西方大学从中世纪诞生以来就是一个学术共同体，它既不受教会的影响，也不受政府的干预。这个传统一直沿袭到现在，是西方大学教育的精髓和传统。而中国的大学自其产生起就是政府主导的，像最早的京师大学堂、天津的北洋大学、武昌自强学堂，都是清朝政府皇帝御批的。所以中国的大学一开始就受皇权控制。解放以后，把教会大学、私立大学都取缔了，由政府统管的公立大学就成了一统天下，一直延续到今天。“文化大革命”以前，高教部直属重点大学 23 所，1978 年确定的重点大学是 34 所，而现在教育部直属的重点大学是 72 所。而且现在的大学都希望教育部管，因为教育部手里有资源，可以多拨经费、批专业、拨招生指标……所以大学拼命地往教育部门下挤，这是其他国家所没有的。人家是摆脱都来不及，而我们是要拼命地往那里挤。

马国川：多元化怎么理解呢？

刘道玉：不管是从体制上还是从学科上、规模上以及办学风格上，都不要求整齐一律，允许百花齐放、百家争鸣，允许各校办出各校的特点。美国普林斯顿大学，医学院、法学院、商学院三个最吃香的热门学院都没有，就是不办，就是办好学校重点学科，如数学、物理。有哪一所大学能够跟普林斯顿大学的数学比肩呢？没有。不办法学院、商学院、医学院又何妨，无非是美国少了一所大学提供这三方面的人才，别的学校都可以提供啊。但是普林斯顿大学的教授证明了费马大定理，解决了358年都解决不了的难题。

马国川：中国的大学一窝蜂，什么时髦就赶什么时髦，谈何多样化？

刘道玉：从国家来说，美国社会尊重多元化，这跟大学的独立性是相一致的，没有独立性也就没有多元化。

马国川：还有一个开放，怎么理解？

刘道玉：我们面对一个开放的世界、全球化的世界，大学不可能封闭，要跟国际接轨，这就是要使自己的教育办学理念跟国际接轨，使自己培养的人才质量跟国际接轨；如果你的人才质量跟国际上没有可比性，怎么能够走向世界？怎么在国际人才市场上去竞争？开放性就是面向世界、面向未来，资源共享，既合作又竞争，在办学理念上、人才质量上跟国际接轨。

马国川：开放不太成问题吧？中国一直在提倡改革开放。

刘道玉：也有问题。有人以所谓中国特色的大学制度来排除有价值的、在世界上被证明行之有效的现代大学制度，这种自我封闭的口号就是开放的最大障碍。

前苏联教育家波瓦利阿耶夫说过一句话："教育是一个伟大的实验场地。"按照这个观点，中国是世界上最大的教育实验场地，在这个实验场地上应该产生更多的教育家，可是没有。因为这样一个大一统的体制，严重地压抑了人们进行教育改革的积极性和创造性。

马国川： 您似乎很悲观？

刘道玉： 但是我并不完全悲观，事物发展到一定程度自然会变的。我寄希望于未来，也许我看不到，但是中国年轻的一代人、年轻一代的教育工作者会看到。

我已是风烛残年，但我并没有置身事外，我还要继续做自己能够做的事，"鞠躬尽瘁，死而后已"。第一，我还要继续不断地研究、呼吁、宣传教育改革，虽然它起不了大的作用，但是从长远来看它可能会起作用。第二，抨击教育腐败问题，在有限度的范围内行使我的批判权利，这至少对群众有影响。今年年初，《南方周末》发表了我对教育改革的十意见书，引起了大家的讨论，甚至争论，这是好事情。第三，呼吁教育改革的启蒙。康德说："启蒙就是使人们脱离蒙昧状态。"现在多数民众仍然置身于教育改革之外，尚不知道什么是教育改革、应当改什么、怎样改以及由谁来改，这就需要进行启蒙，而启蒙是需要世世代代进行下去的。

采访时间： 2009 年 4 月 19 日

采访地点：武汉大学

罗征启

大学里不能没有故事

罗征启 人物简介

罗征启，1934 年出生，清华大学建筑系毕业，留校工作，曾任清华大学党委宣传部部长、党委副书记。1983 年调任深圳大学党委书记、常务副校长，后担任党委书记兼校长。1989 年去职。现为深圳市清华苑建筑设计有限公司董事长。

采访手记

我曾经在网上读到薛兆丰先生的一篇回忆八十年代深圳大学的文章——

我在深圳大学读书的时候，她有一些独特的魅力。

图书馆的藏书全面开架，一年 365 天，一天从早上 8 点到晚上 12 点开放，学生可以随便看到港台和外文图书。想到内地其他大学森严的借阅手续，真是幸运。

自由选课。必修课程只占全部课程的一半，教室就像食肆，放牧式的教育。像我这种讨厌知识而只是好奇的人，真是太好了。

两人一间宿舍，自由选择同宿舍伙伴。有了这些方便，人的火气就少了。宽大的书架，我放满了课外书，墙上别致的壁灯，洒下了金黄色的灯光。

深大的人比内地其他大学的人心境更平和、更礼貌，个人主义、集体观念不强（因为选课制度削弱了班的界限），每个人都有他默默的、稳定的兴趣，校园里难以刮起各种“热风”。

从来没有开过大会。胡耀邦同志的追悼大会也是在广场上开的，大家只是零散地肃立着默哀，颇为西化。

教师对学生很友善，记得有一次校长写了封公开信给学生，解释改变伙食补贴的办法，读上去就跟家书一样。

没有政治辅导员，没有政治课，只有哲学课、逻辑课。有心理测验，结果不公布，有兴趣的可以自己去查，老师单独给你解释。有一些德高望重的老师公布自己家的电话，有苦衷的同学可以匿名找他们诉说。

没有关灯制度，没有全校广播系统（我认为强迫收听实在粗鲁，即便是在播放天鹅湖），instead，中午或晚上，餐厅可以免费拿到学校的消息快报。宿舍门口也没有铁门和卫道的老太太。

晚睡觉的确影响健康，但如果遇到相见恨晚的人或者兴趣盎然的话题，那么在海边的篮球场上高谈阔论，将时间忘记，将快意延续，谁还会介意健康？

徐明明老师点破了我黑格尔式思维的迷梦，陈国权老师让我接触到经济学手术刀般的解释力，宽松和自由的环境让我得以在爱人的陪伴下夜以继日地阅读哲学和经济学。当然，我爱过，也痛过，大学不谈恋爱，真是浪费。

我还认识了志同道合的尹忠东。懒洋洋的他躺在床上，我给他读《社会契约论》，他不时打断我，问我某个字是哪个字，怎么写，我也不时停下来，问他是否已经睡着。这仿佛还是昨天发生的事情。放心！时间到了，灯也不会被人熄灭。

我不能重新过一次，不知道有没有更好的大学和过法，但我已经将那四年牢记心中，成为生活的一个重要部分。

读到这篇文章我很感动，当时就把它收藏起来。我想不到曾经有这样的大学存在过。我回忆起自己的大学时代：森严的图书借阅手续，满脸写着“纪律”的政治辅导员，严格的关灯制度，等级严明的大会……在那个北方省城的高校里似乎一切都是深圳大学的反面。上世纪八十年代的深圳大学就如惊鸿一瞥，很快就消失在了历史的视野之中，后来的深圳大学迅速“内地化”，似乎和其他大学没有什么区别。

2006 年的夏天，我终于见到了深圳大学的老校长罗征启先生。作为拥有数百员工的清华苑建筑设计公司的董事长，已届古稀之年的罗征启先生声音低沉，但精神矍铄，思路清晰。五十多年前，这位清华大学建筑系的学生在梁思成先生门下求学，后来多年与之共事。留校工作的二十多年里，罗征启见证了许多历史事件，包括“文化大革命”。1983 年，时任清华大学党委副书记的罗征启，南下到刚刚成立的深圳大学担任党委书记、常务副校长，后担任校长。罗征启主持规划、建设了深圳大学校园，并创立了一种自由、开放的大学校园氛围。但是数年后他又遭遇了另一场风波，从此彻底离开了教育界。几年赋闲后，罗征启创办了清华苑建筑设计有限公司，成功地转型为一位企业家。今天的大学校长如果有他这样的人生遭际，能有几人有如此魄力呢？恐怕有些人连生活都成问题吧？

在网络查询时，我意外地发现罗征启有时应邀到外地演讲，题目竟然是建筑与风水之类。古往今来人们之所以对于风水的存在与作用争论颇多，我对风水也没有偏见，但是在这样一个教育家稀缺的时代，一位真正有追求的教育家竟然只能生活在与教育毫无关系的领域里，我不能不感到莫名的伤感。写到这里，辛弃疾的词句涌上心头：“却将万字平戎策，换得东家种树书。”

■

“我给你地、给你钱，你给我人才”

马国川： 1983年初，广东省一些老教育家和深圳特区的部分领导提议创办深圳大学，当年5月国务院就正式批准，7月招生，8月录取，9月27日宣告深圳大学正式成立，然后就开学上课。自那一年您从北京来到深圳，至今已经有26年了。

罗征启： 创办特区大学，从北京大学、清华大学等国内名校抽调了一批名师担任系主任。第一任校长是清华大学副校长张维先生，他是学术泰斗，当时已年近古稀了。我那时才不到五十岁，是清华大学党委副书记，也奉命调到深圳大学担任党委书记、常务副校长。记得我跟清华大学一位老先生告别时，他说，我们清华调个人去，就你不合适，也就你合适。说你合适，是因为你是广东人，年轻，有能力，名望又很高；说你不合适，是因为深圳那个地方比资本主义还资本主义，而你这个人是在红旗下长大的，没见过那个情况。你知道什么叫资本主义？到那儿你怎么办？

马国川： 当时的环境下许多人都认为深圳是搞资本主义呢。

罗征启： 我到深圳一看，那种热火朝天的干劲让我很感动。我登上当时最高的国商大厦，22层，有一位香港记者问我，你有什么感受？我说，我来的时候有一位老同志跟我说，深圳比资本主义还资本主义，我到深圳来看了以后非常感动，我觉得全中国社会主义因素最多的地方就是在这里。他说，你为什么这么想啊？我说，建设速度那么快，这难道是资本主义啊？难道资本主义就应该快，而社会主义就应该像蜗牛，只能慢？他就给我鼓掌。

马国川： 深圳大学的建设也体现了“深圳速度”和“深圳精神”。

罗征启： 确实如此。从提议创办深圳大学到正式招生开课，只用了半年多的时间。来深圳我特别高兴，因为我是学建筑的，而深圳大学刚开始要建校，只有一块空地。当时的市长和市委书记梁湘同志指着地图上的一小块告诉我：“这里有一平方公里的土地，交给你们了，你们好好规划一下，看看要多少钱。我们还很穷，请尽量节省，注意实事求是，我们决心贷款来搞教育，这个决心下定了，卖掉裤子也要把大学建起来！我们拿出钱、拨出地，请你们给我们生产人才，人才！”后来梁湘因病住院时我带了几个深大的老师、同学去看望他，他很高兴地说：“你们还想着我呀！”我说：“你卖掉裤子建深大，深大师生感谢你！我们来看看你有没有裤子穿。”他爽朗地哈哈大笑。

马国川： 现在像梁湘这样的领导越来越少了。

罗征启： 没有了。现在还有些人找我到他们的开发区建学校、建企业，我说我不行了，就算你给我的是空地，我现在也做不了，因为没有梁湘这样的领导了。

虽然当时市财政收入每年仅 1 亿多元，但深圳市政府却毅然计划拨款 5 000 万元建设深大（原广东省、深圳市给中央的报告是拨款 5 000 万元搞深大的基建，这明显是不够的。我到任以后立刻修改了计划，三期工程共建 23 万平方米，经深圳市批准计划用 1 亿元。后来三期工程高速度、高质量地完成了，并且只用了 1.3 亿元，包括当时被评为全国教育建筑最高奖的校园园林规划，一个容 1 620 个座位的会议中心，一个当时认为是高校最好的图书馆，甚至还建成一座微型的原子反应堆。有人说，深大建设速度快，创造出了“深圳速度”。其实，它平均造价不到 600 元/平方米，也堪称奇迹)。记得当时梁湘握着我的手说，老罗，我没上过大学，我不知道什么叫大学，我只知道人才，这块地就交给你了，你作主。他放权到什么程度？到深圳大学来的教职员工的户口都由我签字，送公安局备案就行了。到 1986 年的时候，我把这个权交回去了，因为谁都知道我可以批户口，全来找我，包括领导的孩子、亲戚都来找我，我受不了了。一次有人拿着梁湘的条子来找我，我换个房间打电话给梁湘，他连说好几个对不起，说是老同事、老领导来找他，实在没有办法才写个条子或叫秘书打个电话推给你，你帮我应付一下。他说，咱们约好了，以后我要是真有困难要你解决，我会亲自找你面谈，而且面谈也不一定给予解决，只要不是我亲自找你面谈的事情，写条子之类全都是为了应付的，你别当回事，可以解决就解决，不解决一点都没有关系。深圳市的领导同志全都照此办理。他最后说：“老罗，这样行吗？”你说，这样的领导现在哪儿找去啊？

一所大学的主体应该是谁？

马国川： 如何建设大学校园，是你们当年面临的第一课题。

罗征启： 当时一片荒芜，一个小秃山和横着几条沟壑的破碎地块，板结的风化砂岩土地，连野草都长不好。到底应该怎么规划？那时大学建设重物不重人，人的地位往往不如桌椅板凳，也不如仪器设备。例如，图书馆的书库很大，但阅览室却相对小，而且实际成了自习室，学生要发证抢占座位才能找到个自己的地方。我们决心让新的校园规划有机会为师生员工创造出一个优美的环境，使学校成为人们交流思想的场所。我同意一位纽约大学校长 C. V. 纽萨（Carrole V. Newsom）说的："大学的精神是奠基在给人一个一起思考的地方这唯一一点上的……在一起思考是一个相互刺激与反应的过程，经由这个过程，我们的心智就会变得更加清晰。"

马国川： 在一起思考就要有一个环境，缺少空间，就使人与人之间会产生因抢占必要空间所带来的矛盾，而不可能乐于共同交流思想。

罗征启： 我们确定了规划设计的服务对象是人这一基本原则之后，教学科研设施和生活设施的比例就产生了变化。师生员工的生活条件、工作条件、教学科研的空间显然优越，为什么呢？因为我们的生活空间和工作空间是统一的，是为人服务的，可以相辅相成，可以互换。宿舍既是不同系科学生的栖身之所，又是自学和相互研讨学问的地方，由于空间的充裕，必要时还可以互让。学生宿舍空间充裕了，图书馆的压力就减小了。当时学生宿舍造价每平方米 200 元，图书馆是每平方米 1 000 元。又如，按教育部的规定，4 000～5 000 个在校生要 8 个 500 人的食堂，但当时大学食堂每顿饭食堂只开半小时不到的时间，所以我们规定食堂开 12 个小时，这样 3 个食堂就足够了。节约成本应该以人为本算大账。

马国川： 您还有一句非常著名的话："高等学校建筑群的心脏应该是

图书馆，而不是党政领导的办公楼。”

罗征启：这是理所当然的。在校园规划中，深大的图书馆既处于全校地段的中心，又处于最高的一块坡地上，占地面积最大，高度最高，吞吐人流最多，是师生求知、磋商、研讨学问的中心。我们要求图书馆的书架全部开架，全天开放到晚上 12 点，全年开放 365 天。很多师生直至午夜闭馆时才离去，明显地起到了“心脏”的作用。我们还提出，学校的主体是学生，学校的所有部门都是为培养学生服务的，我们服务工作的所有终端都应通向学生。学生生活区与教学行政区距离较近，让学生能在一两分钟之内就从宿舍区跑到图书馆，这在炎热多雨的南方，这是很有必要的。学生宿舍离教学楼最近的距离只隔 30 米绿地。

马国川：现在的深大校园是“白云红荔，草木葱茏，环境优美，景色宜人”，而其建设规划理念更是难能可贵。近年来，各地大学纷纷建设新校区，深圳大学的规划理念是值得学习和借鉴的。

罗征启：关键要认识到一所大学的主体应该是谁？学校的心脏是什么？到底是为人服务还是为物服务？在当时，一些大学的教职工和家属人数比例往往要比学生大得多，甚至是几倍，势必出现基建和后勤工作大部分是“自我服务”的情况，即为了解决职工家属问题，而且似乎越想解决越解决不了，于是便形成了多建职工住宅的情况，结果陷入了越建越缺的恶性循环当中。我们一开始就想避免这个矛盾，力图把学校建成一个与此相反的模式，使学校中人数比例以学生为主体，最小的队伍是职工。学校里到处都是学生在活动、在工作，他们不仅“监督”与自己有关的工作，而且还直接参与一些工作的过程，如学校的饭堂服务、清洁卫生、保卫巡逻、秘书管理，几乎都有学生参加，甚至全部都是学生。

马国川： 据说在您担任校长之后，秘书工作就由学生担任了。

罗征启： 我们学校主张独立，并且也鼓励学生们独立，首先是生活上的自立，然后是事业上的自立。事业上的自立包括要自强，同时在道德品质、思想作风、文明礼貌等方面也要自立、自律。我们学校强调自立、自律、自强。自立是基础，自立后才能立人、立校、立国、立天下。不能自立的人谈不上有什么理想的。我们取消了助学金，改成奖学金；取消了包分配，改成了就业指导，要用人单位和同学相互选择；我们鼓励和组织了大规模的勤工俭学，学校鼓励竞争，提高同学们的竞争意识和竞争能力，不仅仅在就业上有竞争，而且奖学金也有竞争，勤工俭学、短期就业也都有竞争。

我们解雇了深大所有的临时工，剩下一些家属没有办法不能解雇的才留着，其他所有职位都由学生担任，以增加学生勤工俭学的机会。领导和教授、副教授都配备学生秘书，而秘书就是秘书，只能帮你抄抄写写，不能代你起草报告、总结或撰写论文。这样，学校领导和学生的距离就拉近了。

领导的报告只能自己写。我自己的秘书就是由 6 个深大的学生交替上班的，既没有耽误他们的学习，还锻炼了他们的能力。

马国川： 据说您还要求学生在称呼校内所有大大小小的领导干部时一律不得冠以其职务，譬如某某校长、某某处长、某某书记等，统一称为某某老师。

罗征启： 是的，这是清华大学的好传统。刘达到清华担任校长以后，有一次一位同志叫了声“刘校长”，他马上说：“你们清华的传统特别好，都称同志，你不赞成吗?”我们认为，被称为同志或老师是最光荣的，何况高校里所有行政人员都是服务角色，不能有官本位意识。

■

我们得走另外一条路

马国川： 当时的深圳大学处处展示着改革精神。深圳大学的校长带领各系主任到车站迎接新生，这已被传为高等教育界的一段佳话。

罗征启： 这是当时广东省高教局副局长黄其江同志的建议，我认为很好，一直坚持到1989年。当时深圳对这所大学寄予了很高的期望。深圳市的要求是，以改革为动力，建设一所为经济特区提供骨干人才和高端人才以及高端智力服务和高端科技成果的特区大学，建一所走上国际能够与世界各国高等院校平等交流的窗口大学，建一所努力创新办学体制、积极探索现代大学制度的实验大学。

马国川： 这和您的理念十分吻合。您说过，建一所新的大学，而不是建一所旧的再来改造，要从建校开始就给人以一种与众不同的印象。

罗征启： 这不是我说的，是深圳市委常委副书记邹尔康同志多次强调的，我很赞成，坚决执行。刚到深大赴任的时候很多人都在问，深圳大学办成一个什么样的学校啊？有人就说，深圳大学就是清华的分校，因为校长、党委书记都是清华的嘛，学校主要的理工科老师也都是清华的。我反对这种说法，我说，办社会主义的综合性大学，有“社会主义”就行了，我们搞起来再说。但是最主要的一点是，我们不要“齐步走”，我们跟别的学校要不一样，深圳大学必须另走一条路，如果我们按照清华的标准，是永远赶不上清华的。

马国川： 不要永远跟在别人屁股后面走，要办出自己的特色。

罗征启： 对学生要求一样，大家一般高、齐步走，谁也不能冒尖谁也不能落后，结果呢，大家都落后了。这就是制度问题。制度问题不解决的话，学校就没法搞。当时全国有1 070所高校，我说，就像马拉松比赛，1 070所大学比赛，深圳大学是最后一名参加者，人家已经跑那么远了，我们这里还动弹不得，即使我们跑得再快，也不可能跑到别人前面去，所以我们就得走另外一条路；走另外一条路，跑另外一条跑道，我们很有可能就是冠军。深圳大学要想拿到总分第一是不可能的，但是多拿几个单项冠军是完全可能的。事实证明，我们做到了。

马国川： 前两天偶然读到一篇文章，是作者回忆母校深圳大学的。他写道，图书馆的藏书全部开架，可以方便地借阅到港台和外版书籍；从来没有开过大会，胡耀邦同志的追悼大会也只是大家自发地聚在广场上，零散地站立着肃立、默哀，颇为西化；没有政治课，只有哲学课、逻辑课；没有全校广播系统，没有关灯制度，也没有铁门和门卫老太太；学校里没有专门的临时工，打扫卫生的都是本校的勤工俭学的大学生；必修课只占全部课程的一半，学生可以自由选课；学校对学生是一种开放式的管理，等等。当时的深圳大学和其他的大学真的很不一样。

罗征启： 大学要营造一种难得的氛围，一种轻松学习、自由交流的氛围，在这样的氛围中，学生的学习应该是主动的和无拘无束的。

马国川： 这有点像“自由放牧”。

罗征启： 我一向主张开放办学、自由发展的教育思想。我们引入“学分制”，提倡自立、自律、自强的“三自精神”，只给予制度上的规范和思想上的引导。有人说这是“无为而治”。我想说明一下，“无为而治”绝不是无所作为。老子道德经中讲“有为”比“无为”要多。他多次强调的是“无为”一己之私利，“无为”虚名，“无为”虚假的政绩，才能有所作为、大有作为。不是什么都不干，就坐等成功。还有一层意思是说，有所不为才能有所为。现在常常被理解错了，只说“无为”，那怎么能治呢？1983 年来深圳大学之后我就宣布了一条，三年内所有的干部跟老师一样都不要出国，除非人家出钱，而且应是学术活动，更不准出国旅游。我们只去香港，因为去香港最近、最便宜而且效率最高。香港是我们中国人的，它已经把世界上最先进的东西都给中国化了，都经过中国文化的筛选才拿过来的，所以我们学香港是最直接的和效率最高的，学香港足够了。到了 1986 年下半年，我们就开始出去了。结果是反应很好，都说我们学校像个样子了，这就叫“无为”出国，“有为”去香港，“无为”去旅游，“有为”去学习，这样才能“治”。

半工半读高等专科学院

马国川： 深圳大学积极开展高校内部的管理体制改革，在实行聘任制、学分制、勤工俭学、后勤社会化等方面进行了一系列探索和试验，许多教改措施都被写进了《中国教育改革与发展纲要》之中并在全国推广。在改革中，和教育行政部门是否产生了矛盾？

罗征启： 很难避免，最典型的是我们办半工半读夜大学的波折。在我还在清华大学工作的时候，我去罗马尼亚考察，看到罗马尼亚有两种学生：一种是普通的大学本科生，是五年制的；还有一种是六年制的，白天上班工作，晚上读书学习，半工半读，期终考试前一个多月的时间停下工作复习考试。全部教材、考试内容、文凭与五年制的一样。回来后我就想让清华的工人也半工半读，但没有成功。我来到深圳大学后，发现学生勤工俭学是有问题的，一是没有那么多的岗位，二是学生也没有时间去做工作。后来我想招收专科生，本来是两年，现在变成了三年，白天做工晚上上课。

马国川： 这有点像罗马尼亚的做法。

罗征启： 差不多是按照罗马尼亚那种体制来做了。我跟大家商量了七次，最后都同意了，我就写了报告，可是广东省高教局没批，不说同意，也不说不同意。

1984 年春节，蛇口工业开发区的袁庚先生要我去参加他们的会。我发现他们办了个培训班，我看到整齐的一大摞毕业证书，比清华大学的硕士证书还要漂亮。我问，你们的证书教育部同意了吗？没有啊。我又问，交通部（袁庚是交通部任命的）同意了吗？也没有。后来袁庚开始演讲，他指着证书说，有人问我，这个证书教育部承认吗？交通部承认吗？我跟大家说，没承认，我认为这个证书合格不合格，同意不同意，不是哪个部门的权力，社会实践是合格的就是合格的。我宣布，这个证书在我们蛇口工业开发区的五平方公里以内永远有效。

马国川： 很有气魄。

罗征启： 这个老同志真有气魄，我当时感动极了，站起来说，你这个证书在我们深圳大学一平方公里以内也永远有效。后面就有学生问，怎么有效啊？我说，平等呗，有这个证书，我们深圳大学所有的文化、体育、科技设施向你们开放。大家都热烈鼓掌。袁庚说，这个校长很够胆，咱们现在有六平方公里了。开完会后，他问有什么困难，我就跟他说了办三年专科生班的烦恼。他说，你不能报，谁让你去报呢？你可以办起来再说，深圳大学常常有中央的领导同志来，来了你就汇报。中央领导听了以后肯定很赞赏，很好嘛，这不就解决了吗？

马国川： 看来袁庚还是很有经验的。

罗征启： 我回去就跟大家商量。原来我们报上去的时候是说要办一个夜大学，当时教育序列里有夜大学。然后我们就想了一个它没有的：半工半读高等专科学院。对于这个学院，我们就没有再上报，直接就开始招生了。后来高教局的人跑来说不能招生，还没批准呢。我们就辩解说，这是教育序列里没有的，我们办的不是夜大学，也不是职工业余大学，没办法报就不报了，不去烦扰你们教育行政部门了。后来高教局又说我们的第一批学生有些没有参加入学考试，我们说，这些大龄的在职年轻人在“社会大学”里念了好几年书了，他们有很强的学习意识和水平，不成问题，但是要让他们参加入学考试，别说他们，就是我也不行。我们提出“出口严入口宽”的方针，如果学习不合格，考试通不过，就不能发文凭，不能毕业。我们还在学生毕业前增加了一个“综合能力考试”，叫做以“加锁”把好出口。1987 年第一期学生就要毕业了，但这个班还没有批准。这时李鹏总理第二次来深圳大学视察，我又汇报了半工半读高等专科学院的事。他说，你上次说过了，很好嘛！他回去之后不久，省高教局就催我们办手续，一个星期多就批下来了。前几期的半工半读专科生已经毕业许多年了，深圳市各企事业单位到处都有他们的身影，他们是否合格，应该可以作出结论了。

■

学生跟我们自己的孩子是一样的

马国川：和当时所有其他的大学不同，深圳大学是不包分配的。

罗征启：深圳大学最初的学科是由清华、北大、人大等高校各自的优势学科组建的，教师来自于这些高校最富时代激情的人，他们是深大一批为了理想而不是为金钱凑在一起的人。

深圳大学中文系主任乐黛云老师有意思，中文系第一届毕业生到 1988 年毕业，1987 年暑假她要求学生多学一些技能，让学生交点钱找解放军学开汽车，而且她把教学内容也改了，最后一学年大部分课改为英语方面的课。教务处来找我，说一个中文系把大部分课程都变成了英语方面的课程，还让学生学开汽车。我说，其他大学的中文系毕业以后分配是有保障的，而我们现在是不包分配的，假如说中文系的学生毕了业之后没事干，你负责还是乐老师负责？他不说话了。我说，你就别管了，中文系跟我谈了，他们培养的学生的第一目标是高级秘书，高级秘书必须是中英文的，必须会开汽车。我就同意他们这么做了。因为找不着工作的话，乐老师会负责的，她不会来麻烦我。

马国川：这种做法在当时的国内来说还是挺超前的。

罗征启：第一期学生毕业了，我们非常紧张，不包分配到底行不行？几年以前我们早就喊出去的，现在到考验的时候了。我亲自带队去了两次香港中文大学，请人家给我们讲课，学生怎么去找工作，甚至包括学生的穿衣打扮、对话技巧。我们有一个女学生找工作一次次失败，她自己都没有信心了。后来几位老师研究发现，她不会笑，就教给她怎么笑，结果一试就成功了。

马国川：第一期学生毕业就业情况不错。

罗征启：当时我们都很紧张，学生跟我们自己的孩子是一样的，只有这样，学生才会尊敬你。我在做校长的时候就说，如果把所有的权力全部都放给我的话，我肯定会紧张死的。

马国川：把权力都放给你，也意味着责任也压到了你的肩上。

罗征启：那我紧张死了，你以为我这么喜欢要这些责任啊，很难受的。

马国川：如果说市场经济的基础就是分权，那么把权力分下去了，当然责任也就分下去了，因此如果做得不好的话将来就可以追究责任。

罗征启：权力和责任是对等的。

■

看门的也可以做党委书记

马国川：当年深圳大学的一个焦点就是改革学校里的党务工作。

罗征启：不是改革，而是改善。清华大学在 1963 年曾经搞了一个《教师工作六十条》，其中有一条就是说，教师党支部书记可以减免三分之一的工作量。我一直觉得别扭。我来到深圳大学做的第一件事情就是宣布党组织生活不许占用生产时间。党支部书记不许减免工作量，你还要增加工作量。党员的平均工作量要比非党群众要多，质量要高。我们搞了一个《深圳大学党员十条》，第一条是，做党员就要辛苦一点。我说，我是解放以后才入党的，我不是地下党员，但是我很佩服、很敬仰地下党的同志。当时他们在国民党的机关或学校里面工作，拿了工资还要拿出一部分或大部分支持党组织工作，要搞革命，很危险。解放以后党的地位越来越高，变成了一个执政党。我当时是深圳大学校长兼党委书记。我说，也许我不是校长，但我是看门的也可以做党委书记，只要有人选我就行。大家选我做党委书记，我不能拿行政工资，我是做行政工作才有行政工资。没有专职的党员职位，党组织利用业余时间，不许占用工作时间。大家都支持我。

马国川：你们取消了专职的党员干部。

罗征启：所有党员干部都是兼职的，党员干部全部由大家选举产生。

每周一次的政治学习我们也取消掉，整党学习时，党员学习文件也不能占用工作时间。我们搞一个党员阅览室，要求学习的文件都摆在党员阅览室里，请几个勤工俭学的学生来管理。党员阅览室全天开放，尤其是晚上开放，是党员的教师、学生都在业余的时间里去看文件。看完之后在文件上画个圈，在手册上注明一下，把学习时间加在一起，很快就够了。我说，领导干部可以画圈，为什么普通党员就不可以呢？

马国川： 你们还搞了一个“周末党校”。

罗征启： “周末党校”是这么来的。我们把午休取消了，每天比规定多半小时上班。当时还是六天工作制，我们就把星期六的下午时间腾出来，把党员分成几批开会、学习。后来梁湘等同志认为我们的做法挺好，就请我去讲一讲。当时整党要求有一两百个小时的学习时间，市政府每天下午集中学习，搞一个半月。下午我去市政府学习，门口都贴张纸条：“下午整党学习，有事请明天上午来，多谢合作！”我演讲的时候说，以前我们跟日本人打仗、跟国民党打仗的时候，你能贴纸条说下午政治学习有仗明天再打吗？顿时哄堂大笑啊，笑了一会儿突然没声了，安静得不得了。我讲完出来，就有人跟我说了，老罗，你今天放了个大炮还了得，一些人恨不得把你吃了。你自己有专业，干什么事儿都行，可是那些人会干什么？

马国川： 您的话可能过于直白了。

罗征启： 1987 年 1 月 17 日胡耀邦同志辞职了，18 日广东省召开全省干部大会，由省委书记作报告，几百人参加，我坐最后一排。书记说，胡耀邦同志讲淡化党的领导，我们这里有没有反应啊？我看有的。他问，深圳大学的罗征启来了没有？我在后面举手。他说，你搞什么业余化、兼职化，不就是淡化党的领导吗？当然了，如果检查一下自己的错误，你还是一个好同志。然后分小组讨论。几个小组都点我的名字来骂我，就是我所在的小组不好意思当面说，只是含含糊糊地说。我呢，一句话都没说。书记派了宣传部的干部来找我谈话，说书记点了你的名，但你一言不发，你总得表个态吧。我说，我没法表态，他说我淡化党的领导，我在什么地方说的呀，我在什么地方做的呀，得拿出证据来，拿出证据我好好学习一下，好好反思一下。要不你去问书记他哪儿听来的，如果他不是听来的，那就是他说的。或许他们大概都不敢跟书记说，后来这事就不了了之了。

马国川： 您的“四条建议”是怎么提出来的？

罗征启： 这没有什么。1987 年我去美国看了几所学校，回来和一些同事说，我去美国一趟，看了几所学校，尤其是看了三所教会学校，我非常受刺激。这三所学校都是由教会出钱出地来建的，教会还拿出一笔奖学金来支持有困难的学生。最让我不解的也最让我感动的是所有的教职工都是义务的，不拿一分钱工资。我说这不可想象。深圳大学虽然做了一些事，之前我已经觉得不错了，可比起人家来算什么呀？所以我提出四条建议请大家讨论。第一条，从 1988 年 1 月 1 号开始，作为学校的校长，我把党组织活动经费取消，改由党组织自筹。第二条，从 1989 年开始筹办 1～3 个党办的企业，不许占用行政资源，也就是国家的资源，不能去吃纳税人的钱，要靠我们自己去赚钱。党办的企业应该是模范的企业，不偷不抢，也绝对不能偷税漏税。企业内部的人跟人之间的关系应该是非常和谐的，而且是比较公平的。第三条，从1990年开始拿出一部分办企业的盈利建立一个共产党奖学金。第四条，1991年同样也办一个共青团奖学金。我说，如果我们做到了这么几条的话，那么党组织的威信、形象就会好一点。所有参加会议的干部一律明确表态都同意。我们就从1988年1月1号开始取消了经费，党办的人也开始行动起来了。可是1989年以后，这一切都停止了。

我离开大学后仍然关注大学的改革

马国川： 虽然您离开大学许多年了，但其实您肯定也一直在关注大学。现在中国的教育存在许多问题，您是如何看待的呢？

罗征启： 我认为，大学作为实施高等教育的地方，现在存在的第一个问题就是领导体制的问题。现在高等学校首先还是要解决“党要管党”的问题。其实邓小平早就说过了，党政要分开。大学的领导体制应该是三条：第一条是党要管党；第二条是校长治校，不能由教授来治校，教授治不了校；第三条是教授治学，校长治不了学，党更治不了学。

马国川： 党要管党，校长治校，教授治学。

罗征启： 这三条一定要有。校长作为一个行政管理人员，他治不了学。有的校长也要管教学行政，甚至有的也要担任一些教学科研工作，但是他的意识里头必须要明确，对于校长来说，行政管理工作是主要的。行政工作有下级服从上级的问题，但是教学工作和科研不能少数服从多数，不能下级服从上级。在这一点上一定要明白才行。

还有一点，作为学校的领导，在学术上不可能什么都懂，还得靠教授会。教授会有一套很民主的办法。过去的学校啊，像解放前的老北京大学，有的人说办得好。当时的体制不是很清楚，但至少它的行政工作与教学工作是分开的，学校里面有好几个委员会，清华也是这样，行政不跟教学、科研混在一起。我们去国外参观一所大学，约好了要谈一个合作，虽然校长到了，但是教授会的主席有事晚到，我们就等。因为校长不敢签，必须是校长跟教授会主席一起签。

马国川： 联合签字才有效力。

罗征启： 这个制度还是有一定道理的。因为校长不一定全懂，也不一定懂科研里面的一些事情，所以必须和教授会主席一起来签。教授会的学术水平应该是最高的，行政委员会次之，党团组织又次之，因为党团组织里有学生、有工人，平均水平当然就低了，怎么能决定学术的事情呢？这讲不通啊！

有一位学校的党委书记从美国回来说，他觉得有一个问题，过去好的大学都有很多很多的故事，老师的故事、学生的故事。像清华大学里，就有陈寅恪的故事，有马约翰的故事，有梁思成的故事，有刘仙洲的故事，有很多有意思的故事。但是现在都没有了。他在美国找了三十多个从国内一所著名大学出来留学做研究的学生，想听听他们在大学里面印象最深的是哪一门课，讲得最好的、最有意思的、最感兴趣的是哪一位老师，还有能不能讲出一两个故事来，结果他们三十几个人全都低头不说。

马国川： 一个都没有？

罗征启：没有啊！他说，这怎么行呢？我本来是想从他们嘴里听一两个故事的，结果一个都没有。他还说1985年他带了一批人来深圳大学考察，深圳大学全都是故事，有学生讲老师的，老师讲校长的，校长讲老师的，走到哪儿都有故事。可是现在就没有了，一个故事都没有了。大家都沉默了。

马国川：没有故事的大学意味着没有大师。

罗征启：清华大学建筑系至今流传着梁思成的故事。1946年西南联大复校后，梁思成马上写信给梅贻琦校长，建议成立营建系。营建系成立，他是第一任系主任，第一期招生，他自己的儿子分数不够，他就坚决不录取，后来他的孩子上了历史系。当时清华可以转系，营建系转系的特别多，我上学的时候高年级的很多都是从其他系转过来的。第二年梁先生的儿子想转系也还得考一下，转了两次都没有转成。从此以后，建筑系从来就没有走后门的事发生，谁都不敢，因为梁先生定下的规矩。这种好风气对人的约束是很大的。

马国川：可是这种做法现在或许已经没有了。

罗征启：好传统是一代一代地传下来的，但要破坏起来也很容易，再建立很难啊！

采访时间：2009年5月26日

采访地点：深圳 南山区 清华苑建筑设计有限公司

金耀基

大学共和国

金耀基 人物简介

金耀基（英文名：Yeo-Chi King，Ambrose），浙江省天台人，1935年出生。台湾大学法学学士，台湾政治大学政治学硕士，美国匹茨堡大学哲学博士。1970年8月开始在香港中文大学任教，曾任香港中文大学新亚学院院长，先后在英国剑桥大学、美国麻省理工学院和德国海德堡大学从事研究访问工作。1994年当选为台湾"中央研究院"院士，并任香港中文大学副校长、校长，社会学讲座教授。研究方向主要为中国现代化及传统在社会、文化转变中的角色。主要著述有：《大学的理念》、《从传统到现代》、《中国社会与文化》、《中国政治与文化》、《中国现代化与知识分子》等。

采访手记

我一直对于绅士心存敬仰，但是遗憾的是，我从来没有在国内见过一位绅士或者是有绅士风度的人。虽然我也曾经见到过个别手持大烟斗、一副绅士做派的学者，但也仅仅是绅士做派而已。

2009年4月份，我终于第一次见到了一位真正的绅士。那是在《读书》杂志和博源基金会在北京召开的一次座谈会上，一位老人坐在我的旁边，他风度儒雅，气质高贵，手中一柄硕大的烟斗更增添了他的庄重气度。在主持人介绍后我才得知，这就是大名鼎鼎的金耀基先生。

在大动荡的1949年，无数大陆人涌入台湾岛，其中就有父母挈领下的金耀基，当年他才14岁。四年后，金耀基考取了台湾大学法律系，毕业后又到台湾政治大学政治研究所转念政治，这里有台湾一流的学者，其中就包括一代奇人王云五先生。王云五没有读过大学，但是把大英百科全书全都看完了。他的知识面不局限于人文科学，对自然科学也非常了解。他居然可以教胡适英文。这位自学成才的学者跟孙中山先生不认识，只是在一次聚会上发表了演讲，孙中山先生就请他做秘书。在台湾政治大学，金耀基与王云五先生结下了深厚的友谊。后来王云五先生曾一度要他留下来帮助主持台湾商务印书馆的工作，但是金耀基婉言谢绝了，他飞赴美国，在匹兹堡大学攻读社会学。巧合的是，香港有三位大学校长都是在匹兹堡大学获得博士学位的：徐立之（香港大学校长）、谢志伟（香港浸会大学校长）和金耀基（香港中文大学校长）。从美国回来后，金耀基在台湾政治大学教书，又在商务印书馆兼任编辑工作，王云五先生做商务印书馆总编辑，他是副总编辑。1966 年出版的《从传统到现代》成为金耀基的成名之作，这是第一本系统地谈中国现代化问题的书。当时只要是大学以上甚至是聪明的高中学生，假如要谈文化的事情，没有不看这本书的。1970 年，金耀基到香港中文大学执教，后来担任了香港中文大学新亚学院院长。此后，他担任香港中文大学副校长、校长长达十五年，直到 2004 年退休。金耀基参与香港中文大学三十多年来每一个阶段的发展，他的研究、教学、行政都与大学有关。金耀基对大学之为大学深有研究，1983 年出版《大学之理念》在台湾引起回响与共鸣，并对台湾的大学改革运动产生了影响。

在座谈会上，金耀基先生对中国社会转型的见解赢得了众人的共鸣。非常遗憾的是我没有随身携带相机，因为金耀基先生每一次发言时的神态举止都值得拍摄下来。座谈会结束后，我跟随着来到他下榻的宾馆，就大学问题进行采访。他说：“有人说 21 世纪是中国的世纪，但如果没有五十到一百所一流的大学的话，这是痴人说梦。欧洲成为欧洲世纪，美国成为美国世纪，都跟这有关系。美国的大学也是在二战以后发展起来的。我相信中国好的大学以后会越来越多，这也跟中国的现代转型有很大关系。”

教授要升迁是非常难的

马国川：您是哪一年就任香港中文大学校长的？

金耀基：我1970年到香港，1977年成为中文大学新亚学院的院长，是中文大学历史上最年轻的院长，然后又做了十几年的副校长。到了2002年，因为李国章校长要到政府部门做教育局长，所以要我考虑做校长，后来校董会聘请我任校长。我一辈子教书，没有和行政完全分开，但是我没有放弃本业。我在中大三十五年，唯有这两年没有教书、没有做研究。

马国川：成为专职校长。

金耀基：原来做院长、副校长还上课的，还做研究，等于是兼职院长、兼职副校长。当了校长就没有办法了，哪里有时间去教书、做研究，一定要把自己的事情做好。

根据《香港中文大学条例》，最高治理机构是校董会。校董会主要是两部分人士构成：一部分是大学的教职人员；一部分是社会贤达之士，包括好多大企业家，因为他们也支持学校。社会贤达之士完全是义务的。校董会不管学术，只负责与学校行政有关的重要事务，对大学有最后的权力，每一位校长、每一位教授的聘任都要经过校董会通过。

马国川：教授人选也要报校董会？

金耀基：对，校长准备材料后报给校董会。材料包括近几年来发表的论文、教学成果。对论文，我们一定要送给世界上本行的权威来评价。这些人我们都不认识，有英国的，有美国的，偶尔也请国内的权威，但是至少有四位教授，如果有一位教授说不行的话，那就通不过。学术界里面同行相忌的情况是有的。假如我们发现三个人都说多么好，而只有一个人说多么差，那怎么办？大学决定再送给另一位这方面的世界级的学者，看他怎么说。假如这个人说不行的话，那就通过不了；假如这个人说很好，那就会顺利晋升。总而言之，教授要升迁是非常难的。

马国川：这套机制和大陆的完全不一样。

金耀基：不一样。

马国川：但是也有这样的问题，比如说校董会对学术了解吗？

金耀基：很简单，他们对校长上报的材料都很尊重，他们依据外面审查的结果来决定。我们还是信任一批已经有成就的人的，他们不会乱讲，因为他们要保持自己的声誉。为什么要在世界范围内寻找权威教授？道理很简单，今天的许多学术研究不只是中国人在做，全世界都在做。现在大学里面做的东西很多是相同的，有共同的标准。是不是有一些东西的确有民族性呢？历史文化元素越多的就越有民族性，这没关系，你不要以为中国的东西只有中国人在做研究，外国人也有很多在做，他们也可以看。所以，一定要客观地审查，这样才能决定教授能不能升迁。

马国川：那么聘请教师呢？

金耀基：聘请教师基本上也是一样，也是送到外面审查资格，最后由校董会决定。如果外面的审查说这个人很优秀，那么假如他到我们学校来，我们一样会欢迎的。

马国川：这样就保证了教师的质量。

金耀基：我们不能说是一点小错误都没有，但基本上保证了99％的准确率。学校要请教授，首先是要看全世界这行里很好的教授有没有可能来，我们在全世界的相关学术刊物上刊登消息，让他们知道信息。有的已经在国外一流大学里任教了，挖不过来，但是也有看到消息愿意来的。比如说有一位统计学的教授，年纪那么轻，却申请做最高的讲座教授。最妙的是他的论文并不算多，但是一看他的学生，都是哈佛等一流大学的教授。我很奇怪，马上打电话到芝加哥大学去问，我说是你们系里这位先生怎么申请到中大来？对方说，这是上帝给你们的礼物，因为他太太不喜欢芝加哥，他自己早年在香港生活过，所以他才愿意到你们中文大学去。

马国川： 是上帝的礼物？

金耀基： 对，上帝的礼物！

马国川： 在中大里教授发挥什么作用？

金耀基： 第一，校董会里有教授参与，有几个位置是为他们保留的。第二，学术事务上最高的是教务会，有些案子校长提出来希望教务会审查。校长是开会主席，他要酝酿很久，要提出非常服人的理由。

马国川： 如果学生反对呢？

金耀基： 学生反对，也有的。比如香港其他的大学都是英文教学，而中文大学却是唯一的双语教学，因为如果不是双语的话，那就没办法真正地国际化，没办法请哈佛、牛津的一流教授到这儿来教书，学生听不懂，没有意义。所以中文大学里教授不一定能够双语，但是学生必须双语。可是教务会通过之后，学生到校董会那里去反对，审查中文大学是不是不应该那么强调国际化。问题闹得不得了，刘遵义校长请我做主席，成立了一个20人组成的委员会，其中有老师代表、校委会代表、董事会代表、学生代表，统统都不是我选的，大家进行公开的辩论。这样搞了两年，有的人还是不同意，认为中文大学就应该用中文教学，最后到法院去告。

马国川： 还有人把这事告到法院去？

金耀基： 法院审查不是小事情啊，对方请了大律师，上百万的费用呢。中文大学也请了英国人权方面很有声望的律师，最后判我们大学赢了。诸如此类，都不是那么简单的。

■

如何遴选校长？

马国川： 校长的人选是怎么确定的？

金耀基： 也是在全世界范围里面找。校董会成立一个遴选小组，里边有校董会的董事、两名大学教员，有时还听取一些学生的意见。遴选小组在确定校长的条件后，委托一家国际性的猎头公司（哈佛找校长也是雇用这家公司），猎头公司到全世界去找，初步选定10个人。遴选小组经过讨论，最后决定7个，专机邀请他们过来。只说请他们来做个演讲，跟师生们见见面，大家问一些问题，看他（她）是不是有校长之才，有没有做校长的胸量。有时是一次，有时是两次，这个过程差不多要一年的时间呢。遴选小组最后确定一人选报董事会，董事会一般都会批准。因为这样遴选出来的人选，董事会要反对也很难，所以基本上不会反对。但是我们有一个潜规则，1997年之后我们不希望用外国人，在中国人里边找，至少他（她）是双语的，对中国内地、对香港了解。

马国川： 这和内地的校长任命制完全不一样。

金耀基： 我发现，大陆很重理工的，许多大学校长都是理工专家，有些还是院士。大陆跟台湾地区都把院士看得太高，什么都要找院士，太偏向于院士，一定要在院士里找。院士可能是很好的学者，但未必是好的校长。我这话不是贬义，我自己也是院士。学术能力和行政能力是两个完全不同的概念。是不是有一些校长的确行政工作做不好？

马国川： 确实有些行政工作不一定做得好。

金耀基： 现在的大学真的是非常复杂。美国加州总校校长克尔是我非常佩服的，他说过，现在的大学变得跟城市一样，不像以前很简单，弄几个系，教教书，现在非常复杂。用你的话说就是“大学的行政化”，这从某种意义上来说是不可避免的。美国大学找校长不是要求学问最好，不过学问当然要到某个水准，而是要求管理才能高，尤其是美国大学很重要的是捐款。中国大概没有这个需要，因为都是国家的，但是也要跟外面沟通关系。

马国川： 您是说大学的行政化是和大学规模的空前增大有关的？

金耀基： 规模大了之后，行政化是不可避免的。至于官僚化，看你怎么翻译了，我们把它叫做“bureaucracy”，翻译为“科层组织”。科层制是一种建立在理性行动基础上的组织管理体制，最大的特征就是“技术最优性”，但是它也会导致官僚主义的滋生、人性的压抑以及创新精神的窒息等。

马国川： 内地大学的行政化和官僚化现象比较严重。

金耀基： 大学也是国家培养人才的重要基地之一，一个大学校长和他的团队把大学管理得很好，然而这个校长做几年之后又转到别的行业上去了，这一定是坏事。不过问题是，制度必须保证大学校长能懂教育，要有一种专业精神。他做得好可以调到别的地方去。像美国一般都是从这所学校调到另外一所学校去，基本上都是在教育系统里。校长任部长的不是没有，但比较少。

马国川：这时就要用制度来保证。

金耀基：制度很重要。它应该有一些限制，使得一些问题不出现。现在制度里面理性化的东西不是没有，但是在一些制度下，可能会产生相当多效果不好的东西。在这个情况下，我认为未尝没有一些可以改善的空间，比如说是不是在教育部门决定任命之前，要有一些独立的委员会，委员基本上来自于不同的大学，让教授们也有机会参与。另外，就是大学本身也要有一些委员会，是不是可以有一些建议权？

不管是聘任教授还是校长，香港中文大学的做法跟我们重视国际化有关系，成本很高的，花很多时间，花很多钱。中国内地的情形跟香港当然不同，大陆这么多大学，完全要走这条路的话恐怕也不太现实。再说大陆那么大，人才也够了，审查的话不一定要到外国去，但尽量要使审查有一种客观性，使公信力更强一点。

■

政府怎么给大学拨款？

马国川：香港有几所大学？政府根据什么给大学拨款？

金耀基：我们是公立学校，费用很高，除了募集的，另外 85%的钱是政府给的。政府给多少钱，根据大学拨款委员会的建议。大学拨款委员会是英国制度，政府不直接对大学，而是对大学拨款委员会。大学拨款委员会的人员也是来自世界各国的学者、教育行政人员，还有就从学校里面选出的一两个人参与进去，再加上香港的少数社会贤达人士，这些人很关心并且也很懂得大学教育。这个制度比美国的好，美国的州大学要拨款就要跑到议会去，被议会大骂都是有的。我们没有，我们要面对的是大学拨款委员会。

马国川：大学拨款委员会如何运作呢？

金耀基：比如说要成立一个新的系，大学拨款委员会就要看整个大学是不是把所有的问题都考虑到了，比如，新系要请多少人，开什么样的课，有些课合不合理，等等。委员会里面有很多人都是美英等国的重要大学的校长，他们都非常了解情况。学校要跟委员会辩论，然后由委员会作出决定，决定之后大学还可以表示不同意。但是政府基本上会按照拨款委员会的意见拨款。过几年以后拨款委员会就会过来看你发展得怎么样了，会定期过来看研究情形，是一个非常精密的参与，不是乱讲。

在我任期内中大建立了法学院。之前香港已经有两个了，是不是还需要一个法学院，经过了很激烈的辩论。拨款委员会详细询问每一个问题，这里边世界著名的法官都有，我要去给他们作报告，说明中大为什么还要搞一个法学院，中大的法学院走哪个方向，法学院设哪些课程，等等。我告诉他们，法律教育是大学生最重要的教育之一，不是说将来做法官、做律师而已。当然不可能说不培养法律专才，香港真正重要的资产是法治，没有人才怎么可能持续下去？还有，将来我们希望对自己的国家有贡献，培养的法律人才将来也可以到大陆去，诸如此类。然后做成报告，他们一次次地审查，非常严格。最后公布了，他们表示支持。

马国川： 这点和内地的审批制也是不同的。

金耀基： 大学跟拨款委员会搞交易的可能性很小，这是制度的优化问题。你知道吗？香港政府心里也不开心，因为它的人对大学管不到，都是拨款委员会的权力，也有人未尝不想把它去掉，政府直接给钱，直接给钱当然影响更大了。但是现在还是有拨款委员会，这是世界上很特别的制度。学校表现不好的话，第二个三年可能拨款就少了；做得好的话，可以增加经费。作为校长有时候也很讨厌这个制度，因为太繁杂了，但是从真正全面发展的角度来看，这种制度是客观的，也是很好的。

■

大学共和国

马国川： 我理解，中文大学最突出的一点就是国际化的眼光和国际化的制度。

金耀基： 刚才我讲的审查制度是国际化的一个环节，因为我们有一个基本前提，这就是大学的知识是世界性的，不是说只是属于中国的。对中国研究很在行的人往往是中国人，可是英美等国以及日本等也有学者在搞，所以即使是中国研究也是世界性的。

马国川： 因此眼光一定要放开，要有国际化的视野。

金耀基：这是肯定的。中文大学是李卓敏校长 1963 年创办的，这个校长雄才大略。他本人是加利福尼亚州大学伯克利分校的经济学教授，曾任该校国际工商系主任。那时伯克利分校如日中天，势头几乎压倒哈佛。1963 年李卓敏教授受聘到香港筹办香港中文大学，他说，中文大学是一所中国人办的国际性大学，但他不是中国大学，也不是英国大学，更不是美国大学。

马国川：他一开始就把中文大学定位为是中国人办的一所国际性大学。

金耀基：西方中古大学原来有一个世界精神，巴黎的教授可以到伦敦去，伦敦的教授也可以到罗马去。那时通用的语言是拉丁文，但是到了 20 世纪下半叶英文取代了拉丁文，成为世界性的语言。我希望中文将来也变成世界性的语言，在某种意义上现在苗头已经出现了。可是在大学里面，中文变成世界性的学术语言还有一段距离。例如，物理学通用的是英文，假如不用英文，研究都做不了，因为基本材料都是英文的，要跟同行沟通必须用英文，这是很自然的。因为 19 世纪大英帝国是“日不落帝国”，20 世纪美国又是用英文的，它垄断科技，并称霸世界。现在中国的重要大学恐怕不能够不用双语，因为中文是必要的，而英文是重要的。

马国川：但是现在因为中国的国力强大了，大学里也有反对用英语教学的声音，说搞英语干什么，中国这么富了，将来外国人都到中国来学习呢。

金耀基：这是一种情绪的宣泄。英文已经不是英国人的英文，也不是美国人的英文，而是世界性的语言。我在德国访问的时候我也不会德文，完全用英文讲的，法国现在也是一样，日本人很多也是用英文的。为什么我始终觉得美国不容易没落呢，最重要的是它有很多真正一流的大学。

马国川：美国虽然经济上出了些问题，但是它的大学仍然是世界上最先进的。

金耀基：我认为是，而且最多，它仍然是产生世界级人才的地方。它的学生来自全世界，都是最好的学生，而老师又是世界性的。像哈佛这种地方，有20%多的教授是外来的，不是说这个东西只有美国人可以教，不是的，它的学术是天下的东西。

马国川：真正实现了学术“天下公器”的理想。

金耀基：大学教什么东西，差不多全世界都相同，只是看谁的水准高低。你说重点大学不办文科吗？不办理科吗？不办工程学院吗？不办新闻学院吗？诸如此类。不能说今天我教的物理跟美国的不一样，那你搞什么东西？即使是中国文学研究都要有世界的视野。大学的全球性、全世界化就表现在这方面。

马国川：也就是说，大学精神要全球化，大学制度要全球化。

金耀基：对啊，现在要跟国际接轨，接轨不是要跟非洲去接轨，而是要跟世界上最先进的国家接轨。不能说西方理论我们都不要承认，可能吗？这是人类共有的东西，杨振宁拿了诺贝尔奖，也是在西方学术的领域里面发展出来的。所以，不要小气地说这是美国的那是英国的，世界是一所大学，大学已经是一个共和国了。

马国川：这个说法太好太贴切了。

金耀基：严格讲起来，是不是都变成全球性大学了？有人是这样认为的。我认为，全球化是一件事情，是不是变成全球性的大学是另外一件事情。美国的哈佛等大学都不是全球性大学。哈佛等大学也都在问：到底我们对美国的贡献应该怎么样？我们中国人当然也问这个问题，我们对中国人的贡献在哪里？我希望我们培养的人才是给香港本地、给中国内地培养的，我不希望我们的学生学成后都到美国去。但是这些人才呢？其实基本上各国都可以用，它们可以用我们培养的，我们也可以用它们培养的。

马国川： 国际化恰恰符合学术“天下公器”的理念。

金耀基： 当然了，“天下公器”不错，可是作为一所中文大学，我认为要非常的是要重视怎样把我们的中国文化传承下去。大学就是要把文明保留下来、传承下去，世界上一些大学，包括剑桥，一些不常见的语言还在研究，就是要为世界保留文明。1905 年的废科举、兴新学等非常重要，它实际上是从经学时代到科学时代的一个转折点。我个人是非常批评科学主义的，但是我们客观分析的时候必须承认，科学的确是把我们整个社会往前推进了。但是在科学之外，人文很重要。我们是中国人的国际性大学，很多东西跟世界接轨，可是呢，中国的人文跟西方还是不一样的，我们中国应该多保留一些，这是我们的责任。虽然是全球化，但中国文明里过去的好东西要传承发扬，要不然我们就跟其他任何大学都一样了。

■

大学天然要求学术自由、学术自主

马国川： 您对学术自治是怎么看的？

金耀基：英美等国对学术自治是非常重视的。香港中文大学虽然是在英国殖民地的时候成立的，但是一旦成立以后，政府就不再干预了。是不是完全没有影响？当然也有，不过不大。我认为大学要办得好，它天然要求学术自由、学术自主，因为它要做的工作需要比较高的自主性，需要更多的自由。我认识的一些校长也在不断地寻求怎么保障大学的学术自主性和学术自由。学术自由是自由里面的一个类别，特别是做学术研究，必须要突破很多禁区。

马国川：大学制度只是社会里很多制度的一种，为什么要特别强调自主与自由呢？

金耀基：因为它从事的任务是要传授知识，而要创造新的知识，就需要培育活泼的、有思想的人，没有自由的环境怎么培养得出来？像前苏联时代、中国“文革”时期都禁锢得不得了，后来出现了灾难。香港的大学虽然是殖民地时代的产物，但是学术自由、学术自主绝对是有的。严格讲起来，台湾地区很长时间内也不是那么自由的，也是民主化以后才有的。中国内地“文化大革命”的时候说有知识的人最愚蠢，无知识的人最聪明，这是歪理，哪里可以这样讲？当时歪理居然变成真理了，这就可怕了。我看到中国内地在“文化大革命”的时候大学统统变成了毒草，令人痛心。全国13亿人就没有不同的声音了，那怎么行？

马国川：改革开放以后中国内地在这方面发生了根本性的变化。

金耀基：国家要发展的话，哪一样不需要好的知识？知识从哪里来？得靠大学来创造。可是，很多人对大学的功能并不太注意。

马国川：内地曾有一所著名大学的校长说，大学是培养蓝领人才的，就是说要培养普通劳动者。

金耀基： 这个我不能认同，应该是白领吧！蓝领也需要有相当的知识，但现在的蓝领已经不是原来的蓝领了。现在我们越来越多地认识到，今天是知识经济社会，没有一些真正好的知识是难以解决实际问题的。真正的知识从哪里来？不是说完全依靠大学，但是大学是一个主要的地方。

马国川： 在当前社会，大学已经成为了生产知识的最重要的场所。

金耀基： 生产知识其实是一个很如实的说法，但是有的人说“生产”并不入耳，所以就说“知识创新”。想想看，现在知识主要来源靠什么？是靠大学。

马国川： 这种知识的生产或这种知道创新的独特性，就要求大学是独立的。

金耀基： 要有很高的自主性，同时要有很大的学术自由。

马国川： 以前内地一直说，知识来自于生产，来自于实践，来自于科学实验。由于受旧有认识的局限，虽然人们知道大学重要，但是还没有人认识到它的真正的重要性。

金耀基： 这些问题是有的，有些人未必真正了解大学，对中国内地来讲也是转型社会的特有现象。

马国川： 因为搞市场经济，从计划经济到市场经济的转轨过程中，也出现了大学的功利化。

金耀基： 美国也有同样的毛病，但是中国内地的问题可能更严重一点。坦白地讲，中国内地的环境最容易产生这种问题，所以大学里面要有一些规定，用比较特殊的办法来解决，尽量留住人才；人才保留住了，他本身就可以创业。

例如，一些专业，像法律系的学生，是不是可以兼做律师呢？可以啊。大学医学院的医生是不是可以去行医呢？完全不让行医，也许是浪费人才，可是最主要的问题还是要在医学技术和理论方面要有创新。所以全世界每所大学都要想办法怎么把医学院的教授待遇提高，比如说像中文大学，医学院的教授待遇比其他学院都高很多，这是没办法的。真正的方法是人尽其才，西方完全照市场办法去做，我们的办法还是不够精致。

大学关系到整个中国的发展

马国川：中文大学在世界大学里处于一种什么样的地位？

金耀基：全世界很多人都在做排名。假如世界上没有一个全球性的学术论题的话，是不能排名的，不一样怎么排？就是因为相似性越来越高，在这个意义上讲是可以排名的。在过去的十年、二十年里，英国的《伦敦时报》每年都要做一个调查，连续几年，香港中文大学都排在全世界前五十名里。

马国川：那是相当了不得的。

金耀基：全世界大学有两万五千所到三万所，《伦敦时报》的大学排名，包括中文大学在内的香港的三所大学，都排到前五十名。大概我们还没有到那个水准，也许一些评论的指标对我们有利。用的指标很粗糙，判断不是那么严谨，所以不可那么太重视。但是不管怎么说，在过去的三十年当中，香港的大学有相当的水准，我们真的是可以排在世界的前列了。

马国川：香港的大学实际上用了很短的时间就走到了世界大学的前列，这对内地高校的发展应该说是很有启发意义的。

金耀基：对于内地大学，身处内地的人可能比较容易看到它不足的地方，而我却可能看到它进步的地方。我觉得内地大学至少有七八所已经很有水准了，这是无可置疑的。内地有 13 亿人口，多少青年学者都奔向这七八所学校去了，它们能差到哪里去？不可能的。但是存在的问题也较多，我想恐怕还要再进一步优化，有一个过程。

马国川：香港的大学建立了比较成熟的现代大学制度，反观内地，大家都有一种焦虑，可能是转型期间的焦虑，总觉得问题很多很大。

金耀基：香港的大学，包括美国的大学，不是说没有缺点的，缺点也很多。内地在大发展中出现一些困难更可以理解，有些是因为发展而出现的问题，有一些则是因为不发展而出现的问题。

有一位法国非常著名的研究组织学的权威米歇尔，是我的朋友，他到香港来，特别地问我："中国（内地）在这段时间里发展那么快，它的管理人才、技术人才是从哪里来的？"中国内地在大发展中变成了世界工厂，需要不同层次的人才，完全靠外国吗？不可能；它完全靠海归派吗？也不可能。所以严格讲起来，内地大学在过去的二三十年间已经提供了非常重要的科技管理人才，所以使得内地的故事能够写成。这不是一个简单的事情，也是很难的。现在有一些西方人说中国内地培养的科技人才比美国多几倍，这话对不对？没有错，但是以后真正要考虑科技人才的创造性，以及他们能不能有高度的科学技术的修养。说实在话，内地现在的工业还是比较低层次的。世界上没有一个现成的大学模式最好，但是有一些运作好的制度值得借鉴。

马国川：有一些制度是有共性的。

金耀基：对，今天已经运行着的大学制度，有很多东西实际上有太多的共性，它们是可以用的。我总觉得，大学实在对整个中国的发展有着非常密切的关系，从今天大学的情形差不多就可以看到未来三十年以后中国内地整个社会的情形。没有突然一下变化的，这不可能。不是说中国所有的东西都完全靠大学，但是非常重要的一个方面是要靠大学。

马国川：正是因为这些，在内地，大家对现在的大学怨言非常多，比如说大学的学术造假、学术腐败等现象，令人痛心疾首。

金耀基：这些都是败坏大学风气的不良现象。当然，如果这类现象出现多的话，就不能说是败坏大学风气的不良现象了，这就是某些制度上的欠缺，大家要真正去思考一些问题，要优化制度，去弊存优。

采访时间：2009 年 4 月 25 日

采访地点：北京 北新桥 博源基金会

杨福家

如何建立现代大学制度

杨福家人物简介

杨福家，中国科学院院士，核物理学家。1936年6月出生于上海，祖籍浙江宁波镇海。1958年毕业于复旦大学物理系。1984年获国家级“有突出贡献的中青年专家”称号。1991年当选为中国科学院院士。1993～1999年出任复旦大学校长。2001年起至今出任英国诺丁汉大学校长，已连任三届，成为出任英国知名院校校长的第一位在籍中国人。著有《杨福家教育文存》、《关于如何办好一流大学的思考和建议》等。

采访手记

我撑着伞来到复旦大学校门口，等待杨福家先生的助手陈弘先生。

这是初入冬季的上海，几乎和北方同样寒冷，只是校园里的一片青葱景象提醒着我，这里毕竟是江南，而复旦大学绝对是江南的第一学府。这座创建于1905年的学府是中国人自主创办的第一所高等院校，“复旦”二字更是古色古香，它是创始人马相伯先生亲自从《尚书大传·虞夏传》中“日月光华，旦复旦兮”中选取出来的，意在自强不息，寄托当时中国知识分子自主办学、教育强国的希望。在一百多年的历史上，复旦大学曾经拥有一大批学术大师和著名学者，在国内外享有盛誉。更值得钦佩的是，复旦大学在教育史上也贡献了一批教育家，除了解放前的马相伯、严复，解放后还有陈望道、苏步青、谢希德，以及我要采访的杨福家先生。

不久，陈弘先生就带领我走进复旦大学校园的一座三层楼房里，这里是杨福家先生工作的现代物理研究所。在一楼的楼梯口处悬挂着六位华人诺贝尔奖获得者的大幅照片：李政道、杨振宁、丁肇中、李远哲、朱棣文和崔琦。六位华人获奖并没有让大陆的教育界引以为豪，因为他们中没有一个人有新中国的教育背景。

杨福家先生在二楼的办公室里接待了我。他身上没有丝毫的国内大学校长身上习见的“官气”，一副标志性的大框眼镜下是一双真诚的眼睛。他请我坐在沙发上，自己则拉了一把椅子坐在我的对面。我感到有些局促，因为他毕竟是73岁的老人，可是他没有过多的客套，就开始了谈话。很快，他对于大学问题的真知灼见就把我拉进到了话题之中。透过他那厚厚的眼镜片，我看到一位教育家忧国忧民的情怀和闪烁着“对人生、对世界、对祖国、对自己、对未来”的理想主义的光彩。据说，曾经是复旦大学最年轻的教授王沪宁曾经这样评价他眼中的复旦大学校长杨福家：“这是一位理想主义者，在他的身上有一种吸引人的特质，这就是毫无迟疑的信念和绝无虚妄的豪情。”

2001年杨福家受聘出任英国诺丁汉大学校长，成为出任英国知名院校校长的第一位在籍中国人，这引起国内的轰动。至今他已连任三届，这也成为国内津津乐道的话题。可是国内的主流媒体往往聚焦于“中国的骄傲”之类，忘记了他对于中国教育的痛切批评。面对满头华发的杨福家先生我感慨万千：杨福家诚然是中国的骄傲，但是真正了解他的人又有多少呢？

千年前范仲淹曾经慨叹“微斯人，吾谁与归？”杨福家先生的心中是不是也常常有同样的感叹呢？

■

什么是大学？

马国川： 这些年许多人都在批评中国教育培养不出大师，国务院总理温家宝也在一些场合提到并指出了教育中存在的一些问题，而且直言他对我国教育的现状有一种危机感。您怎么看待这个问题？

杨福家：其实温总理已经回答了如何才能培养出杰出人才的问题。2007 年 5 月 14 日，温总理在同济大学演讲时说："一所好的大学，不在高楼大厦，不在权威的讲坛，也不在那些张扬的东西，而在有自己独特的灵魂，这就是独立的思考、自由的表达。要通过讨论与交流，师生共进，教学相长，形成一种独具特色的学术氛围，并不断完善和发扬，影响越来越多的人。这样，真正的大学就形成了，就会有一批有智慧的杰出人才的出现，整个国家就有了希望。"这段话在本质上回答了如何才能培养出杰出人才的问题。

马国川：但是，如何具体化呢？

杨福家：关键在于建立真正的现代大学制度。要建立现代大学制度，我们首先要回到基本问题上来，即要弄清楚什么是大学，或者说一所大学有什么？在我看来，一要有"有形资产"，它比我们通常所说的大楼的含义更全面，还包括设备、图书等等；二要有"人力资源"，包括要有大师。大楼、大师的说法来自于清华大学老校长梅贻琦先生，他说："所谓大学，非大楼之谓也，乃大师之谓也。"不过，这个说法并不完整。当然，这并不是说梅贻琦先生讲得不完整，而是因为他不是回答"什么是大学"这个问题的，梅贻琦讲这句话的背景是在 1931 年清华大学的建设基本完成的情况下，学校已把重点放在了引进大师上，而不是过多地关注大楼，于是他强调大师的重要性。除了大师，人力资源还应包括优秀的教师、学生与管理人员。大学有没有优秀的学生，以及他们能否在一流教师的指导下，在人文、科学技术的前沿探索方面或为社会服务方面，以极大的兴趣与好奇心，夜以继日地努力奋斗，是能否成为世界一流大学的必要而充分的条件。几年前我曾夜访剑桥大学，晚上十点，仍见大批优秀学生与导师在实验室里进行科研。我深有感慨，难怪剑桥大学培养出了八十多位诺贝尔奖获得者。在世界一流大学，这种情景随处可见。有“中国居里夫人”之称的吴健雄教授就曾说过：“什么叫一流大学？只要在周末的晚上去看看那里的灯火是否辉煌（就明白了）。”确实，在世界一流的研究型大学里，我们一定能看到一大批既充满着激情与兴趣又能艰苦奋斗的优秀研究生，在杰出的教师的指导下，在宽松又自由的气氛里，夜以继日地探索自然的奥秘、攻克技术的难关。不少诺贝尔奖获奖者和大发明家都由此而诞生。

马国川：一所大学除了“有形资产”和“人力资源”外，还需要什么？

杨福家：还要有“文化内涵”，其中一项重要内容是大爱，包括爱师、爱生、爱国家、爱人民、爱真理等等，这是大学精神的要素。任何一所著名大学都有自己的文化内涵，例如，哈佛大学最著名的一句话就是：“与真理为友。”坚持真理，而不迷信权威，“思想胜于权威”。哈佛大学把所有的学生都看成是金子，都要让他们发光。哈佛前校长萨默斯曾经出任克林顿政府的财政部部长，他当新校长不久就有一名新学生来找他，说我一直在跟踪你的数据，发现你的一个数据有错误。一名新生敢向校长挑战，这就是哈佛的文化。萨默斯说，如果哪一所大学能够有这种文化，它就有可能成为一流大学。普林斯顿大学，连续八年排名美国大学第一，虽然该大学仅有六千多名学生，但是小学校拥有大文化，它可以接纳有精神疾病的纳什教授数十年，没有让他离职，这就是大爱的文化——“美丽的心灵”。“文化内涵”对于学校非常重要，这正是我们很多大学所欠缺的。真理高于一切。所以，师生之间可以讨论，甚至争论。钱学森当年在美国读书时，在与老师的讨论中，也曾气得老师把书摔在了地上。可第二天一大早，他的老师冯·卡门向钱学森道歉：“你是对的，我是错的。”可中国的大学呢，一定是老师站在台上，老师显得很大，在中央，学生显得很小，在旁边；学生什么都不知道，一个个地在问老师，而老师什么都知道，他是发布真理的。大学的“文化内涵”还应包括独立的思考、自由的表达以及宽容、不浮躁的学术环境。良好的学术环境是造就杰出人才的必要条件。

除了“文化内涵”外，一所大学还要有良好的办学体制。

马国川：在您看来，大学要有有形资产、人力资源、文化内涵和良好的办学体制。而除了有形资产外，其他三方面我们都很欠缺。

杨福家：现在国内大学软硬件建设失衡。较普遍的情况是，大楼、教学设备等硬件建设大有改善，甚至堪称豪华，远超国外一流大学。此外，不少大学还都有数个相隔甚远的校区，学生、教师的大量时间都浪费在了路途上，这与当今先进的办学理念是背道而驰的。而大学的软件建设被忽视，大师、优秀管理人员等人力资源相对短缺，缺乏应有的特色和文化内涵。国内很多大学城有不少名校新建的校区，但感觉不太好，因为看不到这些名校原有的优秀文化传统，看到的只是豪华的建筑。观念与体制上的缺陷是造成这一失误的一个重要原因：在观念上，忽略了高等教育的特点，不了解建设一流大学的要素；在体制上，没有充分发挥教授在办学上的主导作用。我们今天的核心问题就是体制问题，这是我们当前改革的一个关键。

依法办学是关键

马国川： 那么，怎么解决体制问题呢？

杨福家： 关键是三点：爱师爱生，依法办学，无为而治。

“爱师爱生”是常识，为什么要强调？因为如果没有一个“爱师爱生”的大环境，就不能把老师和学生的积极性调动起来，而那样的话其他也就很难做到。现在国内的大学纷纷实行所谓的量化管理，一名教师每年的论文数量、科研成果，甚至论文被引用的次数，都决定着他的待遇和升迁，这能说是“爱师”吗？

普林斯顿大学各级领导 9 年不问怀尔斯教授在做什么（更不会要年年统计他发表多少论文），结果，怀尔斯教授经过 9 年的奋斗，虽无论文发表，但却解决了 360 多年来未解决的难题，摘取了 20 世纪的数学皇冠。同样，以色列魏茨曼科学研究院允许它的教授阿达·尤纳斯经历 25 000 次失败而不受干扰，最后破解科学之谜，获 2009 年诺贝尔化学奖。

英国大学教育的最高明之处在于，从 15 世纪开始就实行导师制，学生一进大学，就有导师关爱他。剑桥有一句导师名言：“我的烟熏将把学生心中的火种点燃。”人的头脑不是填充知识的容器，而是被用来点燃火种的，可是在国内，大学生和老师、学校的关系越来越淡薄，这能说是“爱生”吗？“爱师爱生”不是空洞的说教，它与体制密切相关，不可分割。没有良好的体制就没有良好的氛围，积极性没有充分发挥，其他的就都是空中楼阁。

马国川：您所说的“依法办学”主要是指什么？

杨福家：作为现代大学，做事要有规范，要依法办事。法律包括宪法、教育法等，在这些法律基础上，各所大学都应该有自己的“宪法”，就是大学的章程。其实，《高教法》早就明确规定，各学校必须要有章程。但是，现在有多少大学有章程？谁是按照章程办学的？有了章程，就可以依法办事，最后达到无为而治。在一定的规划（法治）下，“无为而治”或许是最好的“治”。如果各大学都有了自己的章程并且切实遵行，那么教育行政部门就不必什么都管，它要做的最主要的一件事就是监督大学是否依法办学。

马国川：我觉得在这三个方面中，核心恐怕还是依法办学。

杨福家：对，现在大学体制的关键是“按法办事”。比如，诺丁汉大学的章程有一百一十六页，各种权利、义务都规定得清清楚楚。要做领导首先要懂得这个法，必须按法办事，任何人都不能凌驾于章程之上。

马国川：我们的问题是无法可依，甚至即使有法也不依。

杨福家：我对此深有体会。前些年我到深圳开会，当时的市长许宗衡临时约见我，一见面就说，你从此就是我们深圳市政府的顾问了。之前没有任何人通知我，我完全没有准备，市长一句话就戴上了一个“顾问”的帽子，这样的顾问有什么意义呢？毫无意义。不过，有一个顾问是很有意义的。

几年前，香港大学问我能不能做校长的特别顾问，我说可以。没想到不久香港大学就郑重其事地寄来了一个文件，顾问的权利是什么，义务是什么，能做什么，不能做什么，规定得清清楚楚。我签字后，做了六年香港大学的顾问。中国所有的顾问都是“终身制”，不需要辞职，可是在2005年我正式辞去了香港大学的顾问职务，因为我已经忙不过来了。

马国川： 没有想到人家的规定这样具体清楚。

杨福家： 一切都是有法可依的，而且非常清晰，我们就缺少这样的规定。所以我认为，各大学都应该根据法律来制定章程，然后由人大会议承认章程。这样一来，各大学就可以按照自己的章程来办事，这就是“自主办学”的含义。

马国川：《高教法》里明确规定各大学“自主办学”，遗憾的是落实不了。

杨福家： 要自主办学，首先是得到法律的授权。

马国川： 我觉得是两个层面问题：一个是各大学没有章程，无法可依；一个是即使《高教法》里有规定，但是我们也无法做到依法办事。

杨福家： 实际上，西方大学的章程不需要校外组织批准，只要它没有违反本国的法律。在中国的特定情况下，大学的章程可以请人大批准。教育行政部门的职责就是监督，保证国家的法律得到贯彻。美国教育部的大门口有这样一句话：“教育公平，教育质量。”这是它要管的事情。只有这样，大学才能做到“自主办学”，才能有非常民主的气氛（“民主办学”也是《高教法》里明确规定的）。

马国川：“民主办学”也是有明确规定的吗？

杨福家： 是的，《高教法》里明确写明“高等学校应当面向社会，依法自主办学，实行民主管理”。2007年温家宝总理在同济大学时演讲说：“一所好的大学，不在高楼大厦，不在权威的讲坛，也不在那些张扬的东西，而在有自己独特的灵魂，这就是独立的思考、自由的表达。”怎么保证独立的思考、自由的表达？就需要尊重学校的办学自主权，实行民主办学。

大学要由真正懂教育的人来办

马国川： 2009年初，温家宝总理在国家科教领导小组会议上说：“教育方针、教育体制、教育布局和教育投入，属于国家行为，应该由国家负责。具体到每个学校如何办好，还是应该由学校负责、校长负责。不同类型的学校的领导体制和办学模式应有所不同，要尊重学校的办学自主权。教育事业还是应该由懂教育的人办。”由懂教育的人办学，这也是现在大学的一个核心问题，而现在大家都在批评中国没有真正的教育家。

杨福家： 西方的著名大学都是从世界范围来招聘校长的，而不是由教育部门来任命的。而国内的大学实行校长任命制，把行政化带到高校里来了。把一些大学的校长定为副部级，在国外，大学校长绝对不用行政级别来衡量，教育部部长对他们都很尊敬。美国现任国防部部长罗伯特·盖茨以前就是一位大学校长，他在接到国防部部长任命书后写了一封信说，我热爱这个学校，但是国家需要我，我更热爱我的国家，我必须走。韩国的一位大学校长直接被任命为总理。日元上的人物头像福泽喻吉就是庆应大学的校长，并非王室成员。

马国川：看来，国外的大学校长地位是很高的。

杨福家：美国教育部部长到哈佛大学，哈佛校长可以不与他见面。英国的教育部部长是内阁成员，他到诺丁汉大学里来，我们会见他，但这是礼节性的，表示对他的尊重。但他说的话，对学校并没有影响，更并不意味着他所说的话就是"指示"，因为学校没有义务按着他说的去做。当然，英国的教育部部长也从来不指示，他知道自己的定位。诺丁汉大学有一幢十五层的高楼，建得太高，布局很不合理，时任英国首相的撒切尔夫人到学校来看到后建议把它拆掉。校方虽然也认为当初的这个建筑是个错误，但是如果拆掉又要花一大笔钱，所以至今仍然在使用。撒切尔夫人的话学校可以听，但结合实际情况后不一定按她说的去做，她也不会追究"你怎么没听我的话?"因为学校是独立于政府的一个学术自治体，政府是政府，学校是学校。

马国川：但是中国的情况却与此不同。

杨福家：中国有自己的特殊国情，但是去除大学的行政化是应该的，至少应该把大学体制恢复到解放初的时候，那时大学没有行政级别，不管是复旦大学的陈望道校长，还是武汉大学的李达校长，他们的地位都非常高，绝对是高于部长级的。

马国川：核心的问题是要保证大学成为学术自治体，它和政府之间是有非常明确的界限划分的，政府做什么，学校做什么，都清清楚楚。

杨福家：大学成为学术自治体并不意味着一所大学可以不受约束，

它必须要在法律规范下运作，不能违法。

马国川： 学校需要懂教育的人来办，在您看来，我们需要什么样的教育家？换句话说，教育家应该具有什么样的素质？

杨福家： 作为一个中国的教育家，要在中国一流的大学里做校长，他必须是这样的：第一，他必须懂政治，必须了解中国的国情。第二，他必须有比较丰富的教学管理经验，最好在其他大学或教育机构已担任过领导工作。第三，最好学习过一些教育理论，有相当的文化修养，因为教育本身是一门科学。

以前我曾认为，美国的一些大学都有几百年的历史了，像哈佛都已经 373 年了，比美国化的历史还要长，而中国的大学才多少年，怎么和人家比？但现在我的观点有一些变。16 年前我在复旦大学接待过以色列已故总理拉宾。当时，拉宾总理自豪地介绍："以色列只有 550 万人口，领土的 60％是沙漠，90％是干旱地，但我们是农业强国、高科技强国。"我问："是什么因素使以色列如此强大?"他答了一句："以色列有 7 所一流大学。"以色列最早的大学是 1924 年才创立的，不到 90 年就有了 7 所一流大学。近年来，在本土作出巨大贡献的以色列科学家更是接二连三地获得诺贝尔奖。论土地面积，北京与以色列差不多；论人口，上海为以色列的 3 倍；论环境，我们 60 年和平，它战火不断；论历史，我们的大学诞生得比它还早，京沪两地都有百年老校，却没有一所可与它的大学相比。温总理一再问："60 年过去了，为什么我们培养不出像钱学森那样的杰出人才?"对比这些，我们对中国教育现状怎么会没有危机感呢?

马国川： 在美国，历史不到一百年就成为世界名校的也有，关键是大学怎么办。

杨福家： 新中国成立六十年了，没有培养出一位大师。获得诺贝尔奖的华人科学家已经有八位了，但是他们与新中国的教育没有关系。例如，杨振宁和李政道是新中国成立前的西南联大时期培养的。

马国川： 西南联大是一所非常优秀的大学，虽然那时候很穷，但是它已经成为了一所真正现代意义上的大学了。

杨福家： 包括谈家桢、苏步青等人的重要的学术文章，都是在那个时候写出来的，因为那个环境允许搞学术。而现在的环境呢，使学者浮躁得不得了。最近我在几次演讲中都要求取消研究生毕业要发表几篇 SCI 文章的规定。如果把这个规定用到世界上，很多诺贝尔奖获得者根本都拿不到学位。很多诺贝尔奖获得者就是靠他们的博士论文拿到学位并得奖的，此外就并没有其他文章。但是现在我们要求至少发表两篇，这不是很荒唐吗？

我们要按照教育规律办事，把关系理顺了，大学就会发展很快，就会出很多人才。使人满意的体制应该能够保证大学由教育家办学，保证大学在国家宪法和法律的框架内具有自己独立的思考、自由的表达以及办学自主权，保证做到《高教法》里规定的“高等学校应当面向社会，依法自主办学，实行民主管理”。

■

大学绝对不能盈利

马国川： 您在英国诺丁汉大学任校长，和国内大学比起来，英国的大学是怎么运作的呢？

杨福家：我曾经问过哈佛大学校长，他的职责是什么，他说他主要做两件事：全世界找钱，全世界找人。诺丁汉大学一开始征求我的意见时我首先问，要不要我管这些事呢？筹钱我可没有办法。后来我才了解到，与中国一样，英国的学校都是政府的，不需要校长去筹集资金。实际上领导学校的是三个委员会：校董会，校务委员会，学术委员会。在三个委员会之下有一位执行者，执行三个委员会的决议，他就相当于国内大学的校长或公司的总经理，是执行校长。教育部不干预学校的事务，各大学都是依法办学。在就任诺丁汉大学校长八年以后，我有了越来越深的体会。在一次演说中，我直言英国的大学很难超越美国大学。因为美国的一流大学都要自己筹集资金，以此建立基金库；社会对大学的大量资助，重要的还不在于钱，而在于对大学的认可，这种机制激励着美国大学奋力追求卓越。大学有没有来自非政府机构的充足的资助，是大学能否成为世界顶尖大学的必要而充分的条件。

马国川：现在国内民众普遍对教育不满意，大学也很难得到非政府机构的资助。

杨福家：老百姓对教育不满意，怎么会给你钱？而在美国，来自非政府机构的资助可以让教授们安心研究，不用考虑任何生活问题。我们现在有很多教授分心太多，无法全心全意搞学术研究，而学生为了早日找到工作，在最后一年也无心念书，教学质量怎么会高？

马国川：中国也在搞市场经济，许多人都在困惑，大学和市场应该是什么关系？

杨福家：大学校长、科学家与总经理这三个角色绝对不能混在一起，这三者组成了一个三角形。要搞科研就专心搞科研，既要搞科研又要做大学校长，是做不好的；要做生意就专心做生意，既要做生意赚钱又要搞学校管理，也不可能做好。我做复旦大学校长时就强调，学校的责任不是拥有多少家公司，而必须是为国家经济服务。美国的大学对美国经济的贡献是巨大的，有人统计过，美国经济的增长有70%来自大学。

马国川：大学应该对经济有贡献，并不等于大学就要办公司。

杨福家：大学不能办公司。大学可以哺育公司，但并不意味着大学应该占有公司。麻省理工学院哺育出了上千家公司，可是自己却没有一家公司。所以必须明确，在现代社会，大学为国家的经济发展贡献力量是责无旁贷的，必须为经济服务，但并不意味着学校的每一个人都要做与经济直接相关的工作，这是两码事。一定要有一部分人做长远的基础性的研究，做他们有兴趣的研究，学校应该为他们提供良好的生活和研究条件，让他们安心工作。

马国川：如果说大学和政府之间要有清晰的界限的话，那么同样大学和市场之间也要有清晰的界限。

杨福家：大学绝对不能盈利。我一直反对“教育产业化”，因为大学是一个公益事业单位，绝对不能有任何盈利。即使因为某种原因有一点收入，也应该用于增加教学研究经费，绝对不能与教师的利益挂钩。教师的工资由学校支付，保证他们安心工作、全力以赴，让学生们有问题时可以及时找到他们。可是现在国内的大学教授兼职之风盛行。当然，教授也有苦衷，来自学校的那点收入不能保证他们过上体面的生活。但问题是，这样子，中国教育能搞得好吗？

通过制度设计实现权力制衡

马国川： 对于现在国内大学实行的“党委领导下的校长负责制”，一些学者也提出异议，认为应该改革，您的意见呢？

杨福家： 这是《高教法》里规定了的，但是一定要厘清“党委领导”是党委集体领导。

马国川： 问题是，在实践中，“党委领导下的校长负责制”往往会蜕变成为“党委书记领导下的校长负责制”，所谓集体领导最后往往变成一个人领导。

杨福家： 确实如此。许多大学的党委会基本不开，即使开会，尽管党委书记只是委员中的一员，可是委员会其他成员很少会发表与书记不同的意见，于是就形成了常委会上由党委书记一人说了算的情况。因此，我建议在现行的体制下改革党委会。

马国川： 党委会要改成什么？

杨福家： 党委会成员至少有三分之一从教授中选出。“教授治校”或“教授治学”的重点是要有一套体制保证，也就是说，教授，特别是在教学与科研第一线的教授，受到充分的尊重，他们在学校内有充分的发言权与决策权。在诺丁汉大学，教授有充分的权力，如果校长做得不好，30 名校务委员会委员中有超过 8 名认为校长不合格的话，那就会启动一个程序组织调查。如果换校长，就要组成 12 人委员会，其中 6 人是第一线的教授，还有 6 人是具有教育经验、与学校没有利害关系的校外人士，而所有管理层是不能进 12 人委员会的，也包括现任校长。校务委员会中的教授是由广大教授选出来的，必须对教授会负责。我认为，我们可以学习借鉴这种做法，党委会有三分之一是校外人士，三分之一是从教授党员、学生党员中选出来的，三分之一是学校领导层的负责人。

马国川：这个方式不错，至少可以防止集体领导走样变成一个人领导。

杨福家：党委书记是组织中的一员，而且要明确规定他的职权在哪里。比如，宁波诺丁汉大学是一所中外合办的大学，由英国诺丁汉大学负责日常教学，我提出来非要有党委不可。党委的职能是什么？第一，保证中国法律在学校里的贯彻实施，党委做监督工作；第二，在处理学校与政府间事务时，党委做协调工作；第三，党委负责做学生的思想工作，保证学校的稳定。第四，党务工作。但是，学校的人事党委不负责，而是由校委会来讨论决定。经过改革，就可能真正做到“党委领导下的校长负责制”了。

马国川：党委领导，校长负责，如果真正改革了，其实这样的体制也是可以的。

杨福家：关键是如何通过制度设计实现权力制衡。诺丁汉大学“校务委员会”的领导不是校长，我是董事会的主席，虽然在学校名单上我是第一个，但是校务委员会主席不是我，而是由校外的人士担任。我们再看一个例子，执行校长可以任命数个副校长帮助管理学校，一起执行三个委员会的决议，而不需得到其他人或委员会的批准，这是他的权力所规定的。但是三个委员会都会监督执行校长，校长任命自己的亲戚来做副校长是根本不可能的。校长虽然有权力任命副校长，但无权任命财务长和负责教学质量控制的教务长，这三个职位都是由校务委员会选举的。

马国川： 校长、财务长、教务长三者是平行的。

杨福家： 在某种意义上是这样的，他们都对校务委员会负责。如果权力不实现制衡，都掌握在某个人手里，就可能滋生腐败。

马国川： 诺丁汉大学的这套机制的设计是非常科学的，您的观点给我的启发非常大。

杨福家： 总之，高等教育必须改革。对此，从国家政府层面对一些重大问题作出决断是十分必要的。我建议先在国内几所大学试点，尽量选得全面些。

马国川： 改革的方向就是让大学逐渐成为一个独立体，自主办学，实现大学自治。

杨福家： 也不能完全做到自治，因为中国有自己的国情。但是我们希望改革，途径就是在几所学校试点，三年以后可见到初步成效。大学改革的关键是体制改革。理想的体制应该做到：尊重学校的办学自主权，教育事业还是应该由懂教育的人来办；保证大学在国家宪法和法律的框架内具有独立的思考、自由的表达以及自主办学权；保证高等学校应当面向社会、依法自主办学并实行民主管理。

采访时间： 2009 **年** 11 **月** 16 **日**

采访地点：上海 复旦大学 现代物理研究所

大学的灵魂是追求卓越而不是权力

朱清时 人物简介

朱清时，化学家，中国科学院院士，第三世界科学院院士。1946 年 2 月生，四川成都人。1968 年毕业于中国科技大学近代物理系。曾任中国科学院青海盐湖所和大连化学物理研究所课题组组长和研究所主任。1991 年当选为中国科学院院士。1994 年开始在中国科技大学从事教学科研工作，历任中国科技大学副校长、常务副校长。1998～2008 年任中国科技大学校长。2009 年被遴选为南方科技大学校长。

采访手记

近年来，中国的大学陷入丑闻之中不能自拔，论文抄袭、校园腐败等新闻不断见诸报端。社会的批评和指责丝毫没有效果，反而不断有新的大学丑闻践踏人们的心理底线。于是人们开始麻木了，更有悲观者断言："中国的大学已经没有希望了。"

但是在2009年9月，一则与大学有关的新闻却激起了极大的社会反响——

南方科技大学（筹）创校校长终于确定。2009年9月10日，中国科学院院士、原中国科技大学校长朱清时，从深圳市代市长王荣手中接过聘书，成为南方科技大学校长，聘期五年。

这则新闻所引发的社会热议，即使一个月后爆发的武汉大学腐败窝案也没能将人们关注的目光吸引开，反而更加刺激了人们对未来的南方科技大学的期望。深圳是一个创造奇迹、实现梦想的地方，这里没有多少历史包袱和传统框架的束缚，人们热望这里诞生一所真正的大学，为备遭嘲笑与讥讽的中国大学争一口气。

作为二百多位竞争者中的胜出者，朱清时也成为媒体追捧的人物。据悉，与以往高校校长由组织人事部门直接任命的方式不同，南方科技大学校长的选拔是按照国际惯例、借助国际人力咨询机构全球选择的，并通过校长遴选委员会投票后，再由组织人事部门任命。据悉，除朱清时外，当时进入猎头公司名单的还有麻省理工学院的一位院长和国内几所著名大学的校长或副校长。遴选委员会提名时，朱清时是唯一获得全票的。

朱清时并非是第一次走进公众的视野。在担任中国科技大学校长长达十年的时间里，他因为对高等教育理想的思考与坚持而为公众所熟知。他曾多次呼吁，停掉以行政为主导的高校评估方式，改变高校官样化、行政化。获任南方科技大学校长后，朱清时曾经表示，自己将把创办南方科技大学视为“一生中最重要的工作”，将按照教育规律办学，创新机制和体制，吸引华人一流学者乃至世界杰出的人才加盟。

2009 年 11 月下旬的一天，在深圳迎宾宾馆的住处，这位 63 岁的教育家接受了我的采访，详细阐述了他对大学的理解和认识。他对于未来的南方科技大学的谨慎、乐观态度，让我想起白岩松的一段话：“首先我期待的是未来走进这所大学的所有的学子们将是最大的受益者，如果他们不是受益者，那么前面说得跟花儿似的都没有用。第二个，我希望走进这所大学的教授们和老师们都会成为受益者，可以把自己的才华在去官、去行政化的大学当中完全地展现出来。第三个，我最大的希望是中国整个高校教育受益，为什么呢？钻进这样的一条‘鲶鱼’来，透出了一种改革和‘南风窗’的气息，这条‘鲶鱼’也会使大家诟病很多的中国大学教育，发生很多我们期待的积极的变化。”

这是所有真正关心中国教育人士的共同期待，这样的期待会成为现实吗？

现在学术界的创新能力在萎缩

马国川： 看简历，您长期在中国科学院从事科学研究，直到 1994 年才到大学工作。

朱清时： 我过去是做科研的，1994 年调到中国科技大学才开始搞教育，先后做研究生院院长、副校长，1998 年开始做校长，做了十年。在中国科技大学的十几年时间里，我一直在思考教育改革。

马国川： 为什么会想到要搞教育改革呢?

朱清时： 现在回头看，我的认识经过了三个阶段。刚当研究生院院长的时候，我发现教育现状不理想，认为我们的课程体系不行，内容太陈旧，教材不好，老师讲的也不是太好。我在国外的大学做过访问学者，知道国外大学的教材写得很精彩，学生都很爱读，而且教材内容更新很快，知识组织得也很好。相比之下，我们严重落后。所以我在中科大做的第一件大事就是到全世界各地去调查，回来编写新教材，进行教学改革。

马国川： 效果如何?

朱清时： 开始还行，后来推进不下去了。因为我发现，不是教材的问题，教材是表面的现象，也不是技术的问题，还有更深层次的问题。是什么呢? 就是应试教育。不管是高等教育还是中等教育，都是灌输式的教育，把学生当做灌输的对象，不重视学生内在能力的培养。

马国川： 应试教育属于教育体系、教育思想的问题。

朱清时： 于是我做了校长以后就努力改革这个问题。我们做了很多试验，也做了很多工作，但最近两三年我发现，这也不是根本问题。

马国川： 认识越来越深入了。

朱清时： 对。为什么不是根本问题？我们要做的改革，包括培养创新能力，进行素质教育，想了很多办法，喊了那么多年，没有效果。而国外的一些著名大学，包括麻省理工学院、哈佛大学、剑桥大学，从来不提这些口号，但是它们培养出来的学生就是很有创新能力。于是我认识到有一个更深层次的机制和体制在起作用。2008 年我卸任校长一职后，角色转换了，想回到教学和科研工作上去，这时我才发现学术气氛的显著变化，老师和学生们的创新能力都在明显地萎缩。我记得在我从事学校行政工作之前，也就是在上世纪九十年代前期，学术杂志还是很有内容的，人们都认真阅读，读了都有收获。现在杂志比以前多多了，可是很少有人读了，即使读了也没有什么收获，因为极少有原创性的学术论文，多数都是水分太多。也就是说，现在学术界制造出来的大量产品——出版物，由于缺乏内涵，没有读者，不仅浪费了大量的人力物力，而且印刷品回收还污染了环境。

马国川： 这是很让人痛心的。

朱清时： 这说明我们的学术在萎缩。我还发现，教授、研究生，包括本科生，对学术交流的兴趣都淡漠了。没有交流，新思想就不会有发展。在我年轻时代，特别是在国外的时候，学术界最大的特点就是酷爱交流，人们在国际会议上主动地和不认识的人交流，吸取别人的新思想。而现在呢，学术活动虽然多多了，但多数都是讲排场，都是请一些大腕做大报告，没有什么年轻人。不是因为大腕们有什么真知灼见，而是因为他们身份地位高。大家并不在意交流新思想，而是崇拜权力和地位，这是对学术的伤害。至于年轻人之间的学术交流，也没有了，一方面是大家对新思想的追求已经没有劲头了，另一方面即使有了新思想都要保密，害怕别人“抄袭”，自己埋头苦干，期待一鸣惊人。闭门钻研者往往一事无成，因为所有的原创思想都需要在交流当中不断磨砺才行。这些现实让我深感，现在学术界的创新能力不仅没有进步，反而是在退步、在萎缩。这是为什么？

■

根源是教育体制行政化

马国川：您思考的答案是什么？

朱清时：答案就是我们的教育体制行政化。教育体制行政化的含义就是把学术机构当成行政机构来管理。书记、校长都是上面任命的官员，下级服从上级，谁的官大就听谁的。作为学术机构，大学的灵魂是什么？是学术至上，追求卓越。

马国川：是学术至上，而不是权力至上。

朱清时：只有追求学术至上，大学才能成其为大学；如果权力至上，那么大学和衙门有什么区别呢？在行政化的大学里，追求学术卓越的人地位卑微，于是大家不去竞争谁学术做得好，而是看谁的权大位高。位高权重之后，包括教授职称、学术资源、学术经费、生活条件等等，什么都来了，何乐而不为？

马国川：变成了“权力通吃”。

朱清时：大学教授们没有话语权，只能去迎合权力，或者主动去做官。特别是最近这十多年，大学行政化的现象越来越严重，学术精神萎缩得很快。十多年前，给教授一个行政职务他还会犹豫，怕耽误了学术，而现在呢，一个副处长、处长的职位，都会有好多教授去竞争。大家追求什么？崇尚什么？这直接影响到人们的能力往什么方向发展。所以我现在才认识到，课程改革、素质教育其实都是浅表层次的问题，真正的问题是体制问题。在行政化的教育体制下，大学里追求卓越的风气变成了追求官位，崇尚学术变成了崇尚权力，权力变成学校运转的中心。在改革开放之前，我国农业的问题与现在教育的问题很相似，那时的农民是高度组织起来的，行政权力干预农业生产，其实是另外一种行政化，结果大家一点积极性都没有了，农业搞得一塌糊涂。“包产到户”实际上就是“去行政化”，行政权力不再干预农民，农民自己决定种什么、怎么种，结果农业就恢复了生机。工商业也是一样，上世纪五十年代为了巩固政权而实行公私合营，但是改革开放的时候发现这样做不行了，于是就进行经济体制改革，各种所有制都可以搞，就是要焕发出人们的创新能力。工农业的这些改革使我国的经济有了很大的发展。

马国川：唯独教育没有改。

朱清时：因为教育没有改，教育的现状跟农村改革之前的农业一样，没有效率，没有创造性。中国教育面临的根本问题是体制问题，所以体制改革就是去行政化、去官化，把学校的文化和风气扭转回归到原本状态。大学是一个学术机构，整个机制应该让所有人去崇尚学术卓越，哪怕是个很年轻的学生，如果他的思想很天才，所有人就崇拜他。就像陈景润，当时他的地位虽然很低，可是他的数学天才让所有的人都敬重他。上世纪七十年代中国出了一些人才，包括杨乐、张广厚、陈景润。现在的教育规模比过去大多了，人民受教育程度也比过去高多了，但反而没有这种杰出人才，更没有解放前培养的钱三强、邓稼先、杨振宁、李政道那样的科学大师。从 2000 年开始设立的国家最高科技奖，到现在为止得奖的一共 14 人，其中有 11 人是 1951 年前毕业的。不是我们的人不行，不是我们的经费不行，甚至也不是我们的课程体系不行，我们的教授跟国外的教授智商一样高、一样能干，但是不恰当的体制下教授发挥不了聪明才智，就像过去农民发挥不了作用一样。

■

教育的最大问题就是所有人都以为自己懂教育

马国川： 用历史的眼光来看，现在的教育界有些像改革开放前的农村。

朱清时： 对啊，还是行政化主导一切，行政化指挥一切，所以没有活力。我们现在的教育体制还是上世纪五十年代向苏联学习的结果，一直没有彻底改造过，这些年所做的工作主要还是修修补补。对教育体制的改革，不能仅仅做些表面的修补。一种运行了五十多年的教育体制是该到了变革的时候了。现在我们这代人应该来考虑教育改革的历史使命了。

大家不要再纠缠于那些细枝末节的问题，而是应该好好地想想，怎么把学校重新恢复成为学术机构，让学者们都去追求学术卓越，而不是追求行政晋升；是崇尚真理，而不是崇尚权力。

马国川： 要做到这一点，关键在于去行政化。

朱清时： 去行政化，让大学重新恢复大学的本来面目。大学精神最根本的就是追求卓越，追求卓越必须要有学术自由。如何保障学术自由？需要摆脱行政化干预。还有一条，就是学者自律，学者一定要严格遵守科学道德规范，有严格的自律精神，即使有人想弄虚作假，最终也是极少数。总结起来，就是追求卓越、学术自由、学者自律，三者都是有内在联系的。比如，因为不是追求卓越，所以现在的学者自律差，出了那么多学术道德问题，有谁认真处分过？有哪一个像韩国的造假科学家黄禹锡那样因此而获刑？

马国川： 去行政化后，必然出现的问题就是学校应该怎么运作，这就需要……

朱清时： 大学自治。大学被行政化，最重要的原因就是外界行政权力干预学校，症结在于大学的领导干部任命制度。所以，大学要自治，关键就是权力不要干预，让大学作为学术共同体进行自治。从欧洲大学的成长历史来看，一部大学的历史就是大学自治的历史。

马国川： 但是在中国不要权力干预很难，因为大学是政府出资办的。

朱清时： 和其他领域不同，教育的最大问题就是所有人都以为自己懂教育，都有一套理论和想法，谁都想干预。

马国川： 这是一个难题，如何找到一个机制，使上级权力机构能进行资助但又不干预大学。

朱清时：我们现在就是要设计这种办法，一个切入点就是制定大学章程。其实，《高教法》里头有明确的规定，所有大学都要有章程。但是，《高教法》的许多规定都没有落实，因为它没有规定对违法的惩罚，没有惩罚就没有约束力，谁都敢去碰它。比如，《高教法》明确规定大学必须有章程，但中国有几所大学有章程？即使个别学校有章程，也不过是校内自己编写的规章制度，没有法律地位，没有处罚措施，随意性强，甚至校长、书记都可以随时修改，谈何约束力？即使有，也变成毫无意义的空头条文了。我认为，中国高校要办学独立，第一步就是认真贯彻《高教法》，每一所大学都要制定章程，不仅规定应该怎么做，而且要规定违反了怎么处罚，让所有的人都对学校章程心存敬畏。

马国川：实际上这个章程就是大学的宪法，可以管一百年两百年，就像美国宪法一样，基本上不会有什么修改。

朱清时：也可以修改，但是要有相当完善的程序来制约。要真正办学独立，首先就得把章程写好。可是我不知道谁认真研究过章程怎么写？我们筹办南方科技大学，首先就是认认真真地制定章程。我到处请专家来帮我们制定章程，而且将由深圳人大会议通过这个章程。深圳是特区，有立法权，这样我们将来就可以依法治校，行政权力在大学章程面前要止步，因为这部章程是有威慑力的，是有惩处力的。

马国川：是“有牙齿的法律”。

朱清时：我们就是先把法律武器树立起来，而且希望给其他大学提供一个样本做参考，学校章程应该这样写。不要把大学章程做成可有可无的东西，更不是哪个领导一拍脑袋就可以修改的。

马国川： 实际上，一旦大学形成一个学术自治体，要追求自治的时候章程的重要性就凸显出来了。

朱清时： 要自治必须要有法律依据。在政府出资办学的背景下，大学自治一定要有法律依据才能保护自治权利。

教授治校

马国川： 在有了章程之后，一所大学在内部管理上怎么做呢？

朱清时： 作为学术机构，大学内部不应该有任何干部级别，所有的管理者都能上能下。但是行政管理岗位一定要有高报酬，让这些岗位有足够的吸引力，精英才愿意来做，但是他们的角色就是严格依照规章来管理，不能用行政化的办法来发号施令。

马国川： 跟现在的官本位不一样，他们是服务于学术的。

朱清时： 他们没有权力支配教授们来按照自己的意志办事，而是根据教授们的需求提供相应的服务。举个例子，我在国外大学工作期间，开系务会时教授们都来了，这时管理人员都坐在边上一言不发，他们没有发言权，而是由教授们讨论问题，由管理人员给教授们解释和分析，按照规章制度什么可以做，什么不可以做，应该怎么做才好，这才是管理人员的特长。最后，教授们决定了，管理人员去执行。

马国川： 看来，管理人员也很重要，他们不是干预教授们想干什么，而是帮助教授们把他们的想法更符合学校章程，然后去落实。

朱清时： 就是这样的，管理人员和教授们都很重要，但是管理人员不能用自己的行政权力去干预教授们的决定，更不能凌驾于教授之上。这就叫做“教授治校”。不是说每个教授都在发号施令，而是他们集体酝酿出来的思想跟决策成为学校的主导。管理人员为教授们服务好，把教授们集体的意志落实下去，变成学校的意志。

马国川： 一句话，学校章程是一所大学的宪法，所有人都在章程之下。

朱清时： 这个比喻最恰当，所有人都在章程之下，任何人都不能凌驾于章程之上，不能违法，即使教授们的意见也要受到章程的约束。教授们集体讨论协商，变成集体意志，推动学校前进，但是这个意志一定是在章程之下，而且由行政管理人员把意志转化为行动。

马国川： 这里有一个问题，校长的角色是什么？

朱清时： 第一，校长应该是教授们选出来的，校长不能“空降”。校长遴选过程中间一定要体现教授们的意见，能够代表教授们的意志，这样才能使校长真正成为教授们的代表。既然校长是教授们选出来的，那就要对教授们负责，如果不对他们负责，教授们就有权利罢免和更换校长。这和“空降式校长”完全不同，如果是上边派来的，那么教授们的意见可以不听。这就是两种截然不同的态度。所以校长一定要代表、反映教授的民意，这是教授治校的决定性环节。当然，具体选举制度的设计是很复杂的，比如教授一人一票选也不行，那样往往会选出平庸的老好人。但是不管制度如何设计，关键是校长的遴选要反映教授们的意愿，不能强加于人。第二，校长要善于协商民主。不是当了校长就有多了不起，而是要倾听教授们的声音，校长最主要的角色就是在学校重大问题上与教授们协商，真正代表教授们的集体意志。所以，教授治校和校长治校并不矛盾。梅贻琦先生说教授开会的时候校长只是端板凳的，但是这一点也不意味着校长就没有权力，实际上并不是每个教授都有权力，教授治校意味着教授们的集体权力被校长代表了。

■

做教育家也简单

马国川：按照您的说法，校长治校和教授治校是一码事，没有矛盾。

朱清时：教授治校必须有一个代表，他就是校长。有些人士提出，大学应该实行“校长治校，教授治学”，这实际上是把校长的权力来源和教授分开了，他们没有意识到，校长执行的仍然是教授的意志。如果把二者分开了，校长治校就变成行政化了。这一点也没有新意，不过是把现在的管理制度以另外一种语言表述出来了。现在不都是这样了吗？所以教授治校与校长治校是统一的，因为，第一，校长的权力来自于教授；第二，校长必须善于理解教授、倾听教授、协商民主、代表教授。教授治校意味着教授们集体决定学校大事，校长代表这种集体意志并贯彻这种集体意志。

马国川：既然校长要善于倾听教授的声音，代表教授的声音，那么在这个意义上，就需要校长是一个真正懂教育的教育家。

朱清时：校长一定要懂教育，只有懂教育才能理解教授们的意志。所以，派一个同级别的行政干部来当校长，这种做法很不可取，因为人再能干，如果不懂教育（可是有人往往自以为很懂得），也会把事情搞糟。

马国川：中国缺乏的是真正的教育家，因为没有一种合理的体制。

朱清时：对，现在选拔体制也培养不出真正的教育家。

马国川：那么，我们到底需要什么样的教育家？

朱清时：教育家就要懂得教育的规律，教育的最高规律就是不要以个人的意志去干预教育，而要按照教育的客观规律去做。比如，大学最根本的就是要有一个安静的环境，让大家集中精力读书、想问题、做学问、搞教学，这样才能够把教学搞好。可是过去十年中国教育界最大的问题就是各个高校都忘记了这个根本，纷纷建校舍、辟新校区、扩招，搞得轰轰烈烈的。

马国川：很浮躁。

朱清时：结果呢，把教育的根本破坏了。如果老师、学生不能安安静静地坐下来看书、想问题、做研究、写教案，教育能搞好吗？所以，一个真正的教育家一定真正了解教育的客观规律，不好大喜功，更不可能搞"形象工程"、"政绩工程"。我看了很多地方的大学城，里边都盖得很豪华、很漂亮，可是没有教师住在那儿，他们每天要早早地赶班车，慌慌忙忙地把课上完，然后又赶着下午的班车回家，单是耽误在路上的时间就有多少？安静不下来，怎么做研究？怎么思考问题？可是似乎很少有人认识到，这是违背基本的教育规律的。

马国川：如果总结起来，真正的教育家其实很简单，一是懂教育规律，二是按照教育规律办事。

朱清时：看似简单，但要做到却不容易。大学校园要安静是常识啊，做到容易吗？作为一个懂教育的人，最重要的就是要维持教育的水平，使它不会被利益所诱惑，不会被行政领导的意志所左右。中国教育需要一批真正的教育家。教育家不是口头上封的，真正能够懂得教育规律并且按照教育规律办事的人才是真正的教育家。

■

大学就是仰望星空的

马国川： *怎么理解和处理大学与市场之间的关系呢？*

朱清时： 大学一定是要高于市场的。大学不能急功近利，急功近利就会失去大学的精神。大学最重要的功能就是引领社会文化，大学应该是思想高地，社会前进要靠大学去引领。就像温家宝总理说的那样，大学就是“仰望星空”的；有了仰望星空的人，才能引领文化。所以，大学的最高目标就是要有超前的意志，要有创新思想、新科学、新技术，绝对不能太急功近利了。我们的一些高校在过去的一些年中大办产业，误区来自于对斯坦福大学的误解。斯坦福大学并没有搞什么产业，有一年我们开“大学校长论坛”，应邀而来的斯坦福校长对国务院主管教育的负责人说，斯坦福大学并没有办什么产业，硅谷不是斯坦福大学办的产业，只不过硅谷在斯坦福边上，受到了这种文化思想的影响，大家自然地聚集起来，尽管有些创业者是斯坦福的学生，但产业并不是斯坦福办的。也就是说，大学只是一个思想库，有凝聚力，把那些办产业的人都吸引到它的周边来了，因为这里能够得到新思想的熏陶，大学追求卓越的精神为产业带来了机会。上世纪八十年代初我在麻省理工学院工作的时候，麻省理工学院有五个教授发明了半导体激光光谱议，他们联合成立了一个公司进行商业开发，当然是很赚钱的事了。麻省理工提出，你们五个教授办公司吧，我们为你们保留五年的教授职位，但是所办的公司要和学校完全脱钩，不能与学校之间有利益输送关系。

马国川：麻省理工学院并没有想要分一杯羹。

朱清时：如果这样，麻省理工就不成其为麻省理工了。它很清楚，大学不能急功近利，技术变成产业很好，但是不能把这种急功近利的心态带到学校里头来。当时哈佛大学有一个人是基因工程的创始人，他要办一个很大的基因公司，希望哈佛能够支持他。哈佛为此专门召开董事会，尽管大家都知道这个公司有巨大的利益前景，但是仍然坚决维护哈佛的章程，教授不能经商，哪怕你就是个金娃娃也不行。还有一个很好的例子，基辛格原来是哈佛教授，后来当了国务卿了，就不能再做哈佛的教授了。哈佛认为，当国务卿就要跟学校脱钩，因为当国务卿就是搞政治，跟经商一样，和学术没有关系。

马国川：人家把学术、政治、经济分得很清楚。

朱清时：政治家、企业家都很伟大，都对社会贡献很大，但是不能跟学术相混淆。学术要跟金钱和权力脱钩，才能保证学术的纯洁、学术的自由。大学就是追求学术卓越的，而不能跟金钱挂钩，也不能跟权力挂钩，这样才能保持大学的纯洁性。学校要纯洁到这种程度，哪怕你是一个小孩子，他有思想有天才，大家就崇尚你，就被人尊重。

马国川：也就是说，大学不但要和权力划清边界，而且还要和市场有一个清晰的边界。

朱清时：所以我不主张大学办产业。学校一定要支持产业发展和经济发展，但不是自己亲自去做，不是自己跑到市场上去。

说到底，办企业就是急功近利、追求利益最大化，而学校的文化和精神应该是面壁十年、清心寡欲，专心把学问做好。这两者是完全相矛盾的。学术不能受金钱和权力的干扰，金钱和权力不能引进到学术中来，否则学术必然受到伤害。

■

希望在于新大学

马国川： 现在大学面临各种问题，要突破很不容易。

朱清时： 中国的大学要成熟起来，要建立现代大学机制。首先，我们要回顾和总结六十年来大学的历程。其次，急需像农村改革一样“去行政化”。就像行政权力不能干预农业生产一样，不要靠行政力量安排学校的发展，大学就是让教授们按照教育的规律去办的。所以，我觉得中国的高校改革急需要有安徽小岗村那样的试点，要走这一步才能够有真正的现代大学。

马国川： 但是要迈出这一步也是很难的。

朱清时： 是很难，尤其是老大学要改造很难，有盘根错节的利益和人员包袱，中国又需要社会稳定，所以不希望大学里乱。中国需要很多新大学。自然界的规律不就是新陈代谢、吐故纳新吗？工业也一样，美国曾经的“钢铁之都”匹兹堡慢慢没落了，谁都没有想把“钢铁之都”恢复起来，而硅谷这个荒野之地又变成了美国的经济热点，过一段时间硅谷也可能要死掉，又有什么经济热点冒出来。全世界的大学也是一样，当然有一些几百年的老校，像牛津、剑桥等，其实它们也在不断地自我更新，但是更多的高校在成长，全世界有好多新型大学一下子就变成一流的了。

马国川：包括现在的香港科技大学，二三十年就成为了亚洲的名校。

朱清时：因为新大学没有包袱，完全可以按照新的模式来做。中国内地的大学也一样。我看内地的大学改革，将是新大学按照新的体制运作，老大学按照旧机制运作，慢慢地新大学的水平越来越高，而且新大学走到前面以后，会逼着老大学进行改革更新。当然，这个改革过程是很缓慢的。

马国川：为什么？

朱清时：不可能让老大学死掉，只有几代人慢慢改，所以希望在于新大学。各个地方其实也都有这种愿望，各个地方都想兴办大学，但是没有认识到新大学可以按照更先进的路子来建，都是重复过去建大学的模式，所以没有太大效果。

马国川：现在大家对南方科技大学充满了期望，特区等非常特殊的多重因素让它走出一条新路来。

朱清时：未来的南方科技大学的最大作用就是让大家先看一看大学原来可以这样办，但是我们也遇到了许多困难，并且前面还有许多未知的困难险阻，也许我们不一定能最后成功。不过，南方科大的最大作用可能是给大家一些启发，吸引更多的人进行这种探索。

采访时间：2009 **年** 11 **月** 21 **日**

采访地点：深圳 迎宾宾馆

龙宗智

寻找相对合理的改进路径

龙宗智 人物简介

龙宗智，1954 年 9 月出生于成都。多年从事法律工作，曾任大军区检察院大校副检察长。1978 年考入西南政法学院法律专业本科，毕业后又返回该校先后攻读硕士、博士学位。2002～2006 年任西南政法大学校长。曾任教育部法学教育指导委员会副主任。现任四川大学“985 工程”法学创新平台首席科学家，四川大学法学院教授、博士生导师，法学研究所所长。兼任最高人民法院特邀专家咨询员，最高人民检察院特邀专家咨询员，中国法学会检察学研究会副会长，刑事诉讼法学研究会副会长，等等。

采访手记

在成都华尔兹广场的一家茶馆里，记者和龙宗智坐在一间茶室里，散漫地说着话，茶杯里飘逸出淡淡的清香。

曾经在许多场合听说过龙宗智，但这是第一次见到他本人。这是一个典型的四川人，身材不高，瘦削，衣着朴实，如果走在大街上，恐怕没有人会过多地注意他，也不会知道这个其貌不扬的人是一位著名的法学家，曾经出任有中国法学教育“黄埔军校”之称的西南政法大学校长。

“我是属于那种没有多少出息的人，”龙宗智自嘲地说：“一直不愿意离开四川，是因为习惯吧，有不少机会可以出去，都是好地方，可是没有走出去。不做校长后有些大学召唤，算了，年轻的时候都不走，现在还走什么呢?”

龙宗智生长在成都，父母都是医生，他一直在成都读书，到“文革”爆发时，他和许多同龄人一样中断了学业。1970 年，16 岁的龙宗智穿上了军装。1978 年，当他作为恢复高考后的第一批大学生走进西南政法大学的校门时，他仍然是一位军人。此时，来自全国各地的青年人来到山城重庆，其中包括来自山东的贺卫方、来自湖北的梁治平、来自安徽的张穹，还有夏勇、王卫国、朱孝清、顾培东、程燎原、江必新……三十年后，这份名单代表着中国法学界的辉煌。

和其他人比起来，当时龙宗智是个“富学生”，“我是四个兜的部队干部，副连级军官，有工资，比一般老师都还要高一些。”龙宗智说。

龙宗智的同学梁治平曾经感慨道：“同今天的许多大学相比，我的大学简陋、残破和狭小得不宜称为大学。但那确确实实是我的大学。我之所以这样说，并不是因为我曾经把一段青春留在了那里。我的大学之所以无愧于大学之名，是因为她保有一种开放、自由和平等的精神。”在这样一种精神氛围中学习和生活，龙宗智不但获得了知识，而且对学术产生了浓厚的兴趣。

从此，龙宗智和西南政法大学结下了不解之缘。在他二十八年的军旅生涯中，竟然有十年是在这所大学里度过的。大学毕业后，他回到部队从事司法工作。在司法一线历练数年，又重返母校读硕士；再从事司法工作数年，又重返母校读博士。尽管在读博期间他仍有职务上的事情需要处理，但他不缺课。他来往于重庆和成都之间，如果说前者是他进行理论思考的地方，那么后者就是他进行实践的地方，他自称是一位“跳跃于理论与实践之间的法律人”。

龙宗智在上世纪八十年代后半期着手诉讼文化研究，将价值论引入刑事诉讼法的研究领域。九十年代初创立了刑事诉讼的三角结构和线型结构即“两重结构”理论。九十年代后半期探讨司法合理性问题，提出了司法改革与司法操作中的“相对合理主义”。他针对司法实践中的突出问题，发表了一系列有影响的研究论文，成为知名的法学学者。他自称“我这人还是比较顺的，没有多少坎坷”，一步步上升，后来成为大军区检察院大校副检察长，年轻，受信任，前途光明。

但是仅仅两年，他就作出了一个令人吃惊的选择：脱掉军装，复员为民，走进四川大学，做了一名普通教授。有人表示惋惜，龙宗智说："本来我是培养对象，领导信任，同事关系也融洽，但是后来觉得必须走了，再不走就没有机会实现学术追求了。"所以他义无反顾地离开了。当时他有两个选择，一个是到川大，一个是去清华，清华校长助理专程到成都做工作，但他最后还是没有下定决心去清华，而是到了川大。此事被法学界作为弃官从学的一个特例传扬。

喜欢思考的龙宗智开始沉浸于学术研究之中，不以为苦，自得其乐。可是他的母校最后还是把他从安静的书斋中召唤出去了。

2002年，在酝酿新校长人选时，西南政法大学的老师们推举了龙宗智。"又要我当校长，我宁愿自由一些，官不官的对我吸引力不大。最后下定决心过去，声明只做一届，任期一满就下"。

2000年前后，中国法学教育的重新布局和法学教育资源的重新分配，使得法学人才的市场化开始显现。各大学四处挖人组建或者充实自己的法学院。西南政法大学成为一个重要目标。学校开始走人了，开始是零星的，后来成了规模。龙宗智接手的是一个正在走下坡路的西南政法大学。

龙宗智最终临危受命是因为他"还是想做一些事情，看自己能不能接受挑战"。"在其位，谋其政"，作为校长的龙宗智思考大学面临的问题，并寻找可以改进的路径。在四年半的任期内，"操作还是比较困难的，学校发展受条件制约，但是有一定成效，内部关系也不错，大家还比较认可。"龙宗智以如此平淡的话语评价自己的工作。

任职一届后，龙宗智辞去行政职务，"本来是说好的事，他们也不好太勉强，我就真退了"。他回到四川大学，专事法学研究。他还担任着西南政法大学的博士生导师和其他一些兼职。"每次回校，都没有‘人走茶凉’的感觉，大家相处都挺好的”。不当校长了，但他仍然担任着几个委员会的主任，甚至学生的学位证书签的还是他的名字。

回顾在母校任校长的四年多，他说：“我其实不是研究教育的，因为成了学校领导，所以才开始关注和研究一些教育问题，写了几篇文章还有一点影响。”至今，谈起大学体制，他还有相当的兴趣。不过他说他主研司法问题，现在不在其位就不谋其政了。

在司法改革上主张“相对合理主义”的龙宗智深知环境的局限，他说：“大学改革也应该寻找一个相对合理的实现路径，设定目标，一步一步地走。”

■

能不能调整一下“双校长制”?

马国川：当初就任校长之职后，您最大的感受是什么?

龙宗智：高校内部管理体制不合理。对此，任何一个当事者都会很深切地感受到，除非他十分麻木。

马国川：这种不合理表现在哪些地方?

龙宗智：大学实行的是“党委领导下的校长负责制”，但党委怎么领导，校长怎么负责，实际上并不清晰，校长和书记之间的关系也不明确。杨福家有一个说法，他说，在中国当校长和在外国当校长最大的感受是，国外大学的法治比较明确，校长该做什么很清楚，中国就不清楚。他还说：“究竟这个党委怎么领导，校长怎么负责，我做了六年校长，还是不大清楚。”我当了四年半的校长，对这个问题也搞不清楚。

马国川：中国高校真正的校长是由两个人构成的，就是校长加书记，这实际上是“双校长制”。

龙宗智： 严格地说我们都是双重体制，在政府管理上也是这样。我听一位县级市的市长说过，我是“小市长”，还有一个“大市长”（书记）。县市党委不只是管政治上的问题，而且大事都管，但不是“党委领导下的市（县、省）长负责制”，而是党委领导下的常委分工制。书记和市（县、省）长关系相对清晰，但是学校不一样。学校过去也实行过党委领导下的常委分工制，但后来感到不符合高校的情况，于是就有一段时间搞过校长负责制，但因为虚化了党委，后来也就被废止了。一不符合政治体制的要求，二是没有理事会、董事会这样的决策监督机构，校长权力过于集中也会出现问题。因此我也不赞成单纯的校长负责制。

马国川： 一人独大，决策就有可能出问题。

龙宗智： 当然有的人说，让教育部来监督啊。教育部哪里监督得了学校的操作？所以后来就产生了“党委领导下的校长负责制”。这既有政治上的原因，也有管理上的理由，就是制约、防止一个人的权力太大。但是从根本上来说，这种体制与高校管理的法律架构不协调。在现代法治社会中，高校的对内、对外关系都是不同层次和不同性质的法律关系。高校作为事业单位的法人，是独立的民事法律关系主体，也是行政法律关系以及其他法律关系的主体。在高校处于其中的纵横法律关系中，校长作为法律确定的法定代表人，对外代表学校，对内主持学校工作。高校的一切法律文件，只有经校长或受校长委托并有权代表校长的人签署时才能发生法律效力，在这个意义上，校长是法律框架内的学校“一把手”。

马国川： 法定代表人是法人单位的“一把手”，这是法人制度本身的要求。

龙宗智： 但事实是，书记是高校在政治体制和组织体制之下的“一把手”。两种体制的脱节，造成了一种十分奇特的现象，即因为不是“一把手”，所以法定代表人对外特别是对上级领导和领导机关时，往往不代表学校；同时由于法定代表人不是“一把手”，所以他常常也不是高校全面工作的主持人。实际运行中容易形成两个中心，但到底是以校长为中心还是以书记为中心？这种法律框架与政治和组织框架的矛盾，是实施依法治校时所遇到的一个十分突出的问题。在书记与校长之间意见有分歧难以解决的情况下，法律框架与政治框架的不协调，就有可能形成双方在各自占有的资源基础上的对峙。校长有一个行政系统，包含学校的基本资源。书记本身能够直接支配的资源有限，但他是“领导班子”一把手，要做事就难免会利用和支配行政资源，此时谁真正负责，关系微妙，容易引起与校长之间的矛盾。

马国川： 这也就是说，“双校长制”很难避免矛盾。

龙宗智： 双重体制总会有矛盾的。不过也是因为这是一个“人治”的体制，关键在人，人选对了，也可以互相扶持，互相提携，增强合力。我起初认为我们法律院校要依法办事，按制度运行，《高教法》上规定了校长职权、党委责任，就按那样操作就行了，后来发现那样做不行。学校的教学、科研、人事、后勤、基建等各种行政事务，都由你校长负责了，书记做什么？所以很快改变方式，尊重党委领导，坚持合作共事。我对这个制度的操作体会集中于三个字——“哥俩好”。体制有问题，依此操作有时不仅不会帮你，反而会害你。有一个恰当的分工，一起来把事情做好就行了。用老话说就是“大事讲原则，小事讲风格，多求同存异”。高校就那么大个空间，都在前台，大事都参与，没有包容性是做不好事的。我虽然早就批评过这个体制，但是我和书记关系比较协调，我要辞职，书记很不愿意我走，劝过我多次。

马国川： 除非两个人都是出自公心，有很高的政治和道德的自律，否则这几乎是不可能的。

龙宗智： 不是完全不可能。不过这种人为的制度容易闹矛盾，因为取决于人，所以选得不合适就容易发生矛盾。其实，许多大学领导都很好，都想做事，都没有大的人品问题，只不过要求两个人一个想法比较困难。因为这种体制的限制，许多人感到不顺，搞得很累，形成内耗，损害事业。

马国川： 依靠人，而不是依靠制度，依靠道德约束，而不是依靠制度规范，这是违反法治化要求的，那么，怎么解决问题呢？

龙宗智： 教育部研究了很长时间，由人事司主办了主要由校长书记参加的专题讨论，讨论文章在《中国高等教育》杂志上发了许多篇，但也不解决问题，甚至讨论了半天也没有像大家希望的那样，出台一些操作规则，只是讲要“完善”。目前，解决这个问题可能也不是时机。不过，我们既然讲大学制度，讲一流大学的办学目标，就不能不涉及大学的内部管理体制。因为管理一流是一流大学的基本指标之一。我曾经提过一个意见，就是适应我国社会的法治化转型，遵循高等学校管理规律，从根本上理顺管理关系。我主张，在高校实行党委制的同时，建立事业法人治理结构，实行校董会或理事会领导下的校长负责制。具体说来，高校建立学校董事会或理事会，将目前学校党委在学校管理方面的决策与监督职权都移交给董事会或理事会，使其成为真正意义上的高校决策机构。董事会（理事会）组成的成员除目前常委会的人员之外，按法人治理结构的要求，设立一部分由教师代表以及校外人士担任的董事，克服目前因常委会与校长办公会基本上是一班人，而其相互制衡性不足以及决策缺乏外部性的问题。校长为首的行政领导班子作为学校执行机构，受董事会（理事会）的委托，执行董事会（理事会）的决策，实施对学校的日常管理。同时，适应现代学校管理日益复杂、日益专业化的需要，借鉴美国等教育发达国家的做法，试行校长职业化，在一定程度上改变目前校长专家化的倾向，使部分校长成为高校的职业管理人（经理人）。

马国川： 如何避免出现“两个中心”呢？在您的设想里毕竟还有党委。

龙宗智： 党委是学校的政治核心，实行“党委治党”的原则，对学校的办学方向以及稳定等重大问题负责。同时设置必要的程序，保证党委政治核心作用的发挥。将“一把手”制度与法定代表人制度统一起来，避免两个中心。如果党委书记是高校管理的专家，可由书记担任董事会（理事会）主席，并担任法定代表人。如果校长更合适，则也可以由校长任董事会（理事会）主席和学校的法定代表人。

马国川： 这种设想有点像国有企业。

龙宗智： 以上是一种基本的构想，运作模式还可以进一步研究，但是目标应该明确，就是建立岗位职责明确、决策与执行相对分离、符合法人治理结构要求的高校领导体制。这样还有一个好处，就是能将政治问题变为管理技术问题，增强正当性，吸纳矛盾，有利于大局稳定。在这种体制中，高校党委相对比较超脱，可以在出现问题后出来做工作，稳定局面。

马国川： 这种体制看来比较符合管理规律。

龙宗智： 话说回来，我们缺乏经验，也只能讲“试行”。因为公立高校与私立高校不同，后者的董事会（理事会）与校长的关系容易清晰化，而公立高校则不那么简单。而且，如果实行这种体制，那么党委、董事会（理事会）与校长这几个主体间的关系如何处理也需要探讨。也不好完全照搬国企，因为高校与国有企业的社会职能以及在体制中的意义还有所不同。

■

不按牌理出牌会不会反而是一种最佳牌理呢?

龙宗智： 在校长任上，我还注意到另外一个问题，那就是高校法人制度与财产权益存在问题。

马国川： 高校早就法人化了。《高教法》里说高校是法人，独立承担责任，享有权利，这有问题吗?

龙宗智： 我们现在讲的高校法人，只是说高校在经济交往之中是一个平等的经济主体，这是民事主体，没有问题。问题在于，在行政法律关系中，大学是不是一个法人？在行政法体系下，大学的权利和政府应该切割得比较清楚，就是政府管哪些、不管哪些很清楚。我们过去讲办学自主权，但是在法律制度上并没有解决这个问题，大学不是一个法人；或者说，在民事法律关系上，高校是法人，但在和政府的关系上，大学办学自主权的内涵是比较含糊的，在法律上不清楚，制度上不清晰，什么是属于政府管的，什么是大学可以自主处理的问题都不清楚。在这个意义上，高校不是法人。

马国川： 有个教育部官员说，现在能够下放的权力都下放了，可是另一方面高校却一直抱怨没有办学的自主权。

龙宗智： 办学自主权可以说是大学自治的中国化表达方式，这是大学的基石之一，但是绝对的办学自主、完全独立其实是不可能的。因为大学绝大部分是政府举办的，政府提供各种支持，投入了就要检查是否有有效产出，这是它的权力也是它的责任。但是权力和责任划在哪里？需要清晰化。

马国川： 一言以蔽之，高校的办学自主权没有法治化。

龙宗智： 也就是说，现在大学的这种法人制度，只是一个平等经济交往的法人制度，没有在行政法的体系里面解决它的公法人的地位。政府怎么保证最基本的高校自主权，同时保障政府有效的、合理的管理，这是一个值得研究的问题。

另一个问题是，在财产权益上政府和学校的关系。政府一度没有意识到它的投入责任，政府投入少，但是前些年在高校有太大的投入，哪里来的？基本上靠商业性贷款，怎么还？一旦出现债务危机如何化解？

马国川： 事实上近年来这个问题已经出现，某所大学的债务问题一度就在社会上炒得沸沸扬扬。

龙宗智： 一所学校计划花七乃至八个亿，甚至十多个二十个亿建新校区，基本靠贷款，但怎么还钱，谁也没作计划。占高校绝大多数的地方院校靠地方财政支持，但地方收入有限，不可能还，也看不到希望。可是许多高校仍然只讲用钱而不讲还钱。2004年我意识到了这个问题，于是就发表了一些文章。我说，当时中国高校财务潜藏危机，有些学校已经比较明显。一两年以后，各方面才谈论高等教育的投资问题以及还贷困难十分突出的问题。现在有一些办法，总体上来讲，有钱的地方解决得好一些，但是经济困难的地方还是相当麻烦的。

马国川：总的思路是国家买单或政府买单，搞来搞去有点像当年的国有企业。

龙宗智：高校贷款后不想还，也还不起，都推给了政府，实际上最后还是政府拿着纳税人的钱往里面填。有的能填，有的填起来可能也比较困难，如果是经济比较紧张的时期问题就大了。好在这些年恰好碰到了一个机会（这个机会虽然是不太正常），就是政府依靠土地财政弄了大笔的钱，可以解决一部分。但如果是正常的财政，这是支撑不了的。

马国川：所以中国的事有时候也是很奇怪的。

龙宗智：有的事情按牌理出牌反而不行，不按牌理出牌没准就成了。某省大学城的钱全部由政府买单，省委书记一句话就解决问题了。因此在有的贷款少的学校，大家埋怨书记校长太实在，当初怎么不多借一点钱？出人意料的是，当初那么多不可思议的事，最后好像也有解决问题的办法。

马国川：还潜藏着更深的问题，就是到底这个钱花得值不值？效率如何？

龙宗智：中国高等教育的这种“大跃进”到底是好还是不好？这么快就把学生数翻了番，而整体条件又跟不上，这显然是拔苗助长。但是有的人说，先拔高再帮助成长，就比自然生长的要快得多。这违背了教育发展规律，这是不符合正常的发展规律的。可是我不作结论，不说它坏，因为中国高等教育大发展了，硬件毕竟大大增强了。我只是有疑问，我觉得还要经过更多的观察思考，还要经过历史的检验。打破规律不按牌理出牌，在中国转型时期是不是也有其相对的合理性呢？不按牌理出牌会不会反而是一种最佳牌理呢？

转型期大学制度建立很难

龙宗智： 大家都知道建立现代大学制度的重要性，但是在目前给定的条件下谈这个问题，有不少困难。其中有基本制度的限制，这是根本性的。同时还有两个问题要考虑。第一个问题是社会迅速转型以及高等教育迅速发展变化的时期，大学自治的空间是有限的，大学制度往往是在社会环境和大学相对成熟的时候建立的，而不是在快速转型期间建立的。我们这些年迅速扩地盘、建大楼、搞扩招，要谈自治也难，外部不能不靠政府，内部不能不靠行政的强力推动。

马国川： 这个时候政府的力量是必要的？

龙宗智： 这种情况势必增强大学发展的政府主导作用。只有在大学发展相对稳定以及在一个相对稳定的社会环境中，大学才有足够的条件实现自治。例如耶鲁，耶鲁的口号不是改革而是保守，保守它的大学传统。在保守中求创新，在稳定中谋发展。从一定意义上说，保守也是大学自治的基础。

而我们似乎无传统可守，处于不断变化的过程中，因此自治就是有限的。

马国川： 对我们来说，保守还缺少传统。

龙宗智： 第二个问题，大学的内部情况，老师良莠不齐，多少学校有一流的教师？就是最好的学校也有相当一部分老师不是一流的。

马国川： 就像我们讲司法独立一样，如果司法腐败，那还怎么独立呢？

龙宗智： 但是一定要有一定的独立性。不能以司法的不公正否定司法的独立性。独立是解决腐败问题的一个方式。当然，没有一种双向互动形成的整体情况的改善，也不可能实现充分的独立性。大学也是这样。一方面，要讲大学自治包括内部学术单位的自治，就是尊重教授在教学与学术研究上的权利。但是实际操作也要考虑一些具体的因素，比如在比较好的学校就可以尽量多放一些权，而在比较弱的学校行政主导就可以强势一些。但是你不能以此为借口，否认内部学术单位的自治和学术自由。

马国川： 现在的问题是，行政主导下的学校很容易官僚化。

龙宗智： 行政主导最坏的方面就是官僚化，是恶性发展，以行政来分资源，以行政争利益。所以抑制行政主导是必要的。还是必须尊重学术，尊重教授在学校中的权利和地位，不能把它简单地当成工具，这是个度的把握问题。

马国川： 行政主导容易产生弊害。

龙宗智： 在目前的体制与社会环境条件下，这是一种必然。你现在完全走上自治，那就是那种国外的模式，实际上也不现实。这里有外部环境的问题，也还有一步步走的问题。只有内外条件都相对具备了，才能作出进一步的解决。

马国川：您的观点容易受到教授们的批评吗？

龙宗智：我与一些研究高等教育的学者之间的区别在于多年在实际部门工作，还当过校长，酸甜苦辣的体会要多一些。我认为，总的说来我是相对比较民主的一个校长，但是有的时候不能不以行政决策的方式解决某些与学术权力相关的问题。学术权力与行政权力的划分，在高校本来就不是很清晰的，二者有时交织在一起。你说聘教授、评博导是学术权力还是行政权力，我认为都有一些，是交织起来的。校长聘教授，是他的基本职责之一，但也需要有一定的同行的学术评价。此外，考虑到目前教师队伍的状况，对有些权力还可能要作出一些限制，比如说要提高待遇聘一个教授进来，如果都来讨论可能就搞不成了，因为容易攀比，容易心理不平衡，还可能有"武大郎心理"。还有，对教授的同行的评价，在教授水平、见识参差不齐，甚至其中有相当一部分是靠熬资格上去的情况下，也不太适合以大民主的方式进行。

马国川：大民主？

龙宗智：但是我这个说法恐怕要招来一些人骂我。只有教授自治体和一个高素质教授群体的出现，才能真正实现学术自治。我觉得，北大、清华这些国内一流院校可以做得更到位一些，或者将权力再放一点。因为也不能说总是要等到什么条件都成熟了再去做，对学校总是采取保姆照顾小孩的方式去做，恐怕也不行。在有些问题上，步子可以更大一些，但是对于一些实力比较弱的院校来讲，内部学术自治的条件可能还需要进一步培育。

马国川： 对于教育部主持的大学教学评估您怎么看？

龙宗智： 应当说有积极的一面，因为它推助了高校的建设和发展。但也有相当的不合理之处。比如，大学在数量上发展得这么快，造成办学的软硬件条件差距如此之大，但却要按照一流学校的要求来衡量，“千校一尺”，北大和青海民院同一个评估标准，你说这合不合理？还有“评而不建”，也是有失公平的。2000 年高校体制改革后地方院校占绝大多数，教育部评估，但是不给资源。教育部对自己的直属院校给资源，对地方院校不给资源，资源由地方给，地方给资源通常比直属院校低许多，却要求按照与直属院校同样的标准来评，这公平吗？按理说，原则上应该是谁投入谁评价产出。你不给我们资源，要我们达到你的标准，似乎不太合理。

马国川： 也就是说评估的效果是有限的。

龙宗智： 评估里最关键的有两条，一是办学理念，二是办学特色。但是在中国目前的一体化办学模式之下，从教育思想到大学体制都纳入了一个模式、一条轨道里，加上这些年的高等教育“大跃进”，还有多少先进理念？还剩多少办学特色？到头来免不了成了纸上工夫、笔下文章。当然，强调办学理念和特色并没有错，而且高校评估也是必要的，但关键是怎么评。

■

政府应该给大学一定的空间

马国川： 但是也有人说，到底大学应该怎么办，在世界上是有共识的，并且现在世界上已经形成了一套非常现成的而且被实践证明很有效的制度安排，这就是现代大学制度。

龙宗智： 现代大学制度有两块基石，这就是大学自治和学术自由。为此，就必须有保障这种自治和自由的社会环境，没有环境，就谈不上大学自治、学术自由。保障性环境与条件中的一项基本内容是法治，有法治，才能使大学制度得以确立并得到保障。

马国川： 在法治不健全的环境下，从这种现实的路径去考虑，建立大学制度有没有一种更好的期待？

龙宗智： 并不是完全没有空间，也能做一些事。社会还在变革，已经很难逆转。市场经济改革方向不变，经济多元化了，对外开放的大门现在很难关闭，加上信息化，毕竟社会处于一种转型的时期，社会变化可能会为大学制度的建立提供更大一些的空间。

马国川： 但是改革现在也遭遇到了“瓶颈”。

龙宗智： 不断地去做一些事情，促动转变，也许有一些积极的意义。比如，我们提出“要建立一流的大学”。建立一流的大学是既定的目标，那么什么是“一流大学”？大家都知道，没有大学制度的现代化，不遵循现代大学的基本规律，就谈不上建立一流的大学。

马国川： 或许有人会拿“中国特色”当挡箭牌，说我们要搞“有中国特色的一流大学”。

龙宗智： 特色是有的，但是大学办学的基本规律也要遵循，否则是自欺欺人。现在的大学校长毕竟都是大学教育出身，在不断交往过程中，有参照系，有相互对照，不能完全无视大学的规律。

政府应该给大学一定的空间。大学是一个特殊的地方，需要产生思想，需要超越当下。一个大学如果不能产生思想，如果没有超越性，没有批判的精神，就在相当程度上丧失了大学存在的意义。大学当然要为社会发展提供技术支持，但大学也应当为社会提供思想，没有思想，社会就没有生机与活力，甚至会窒息。为产生思想，就需要学术自由，需要一种批判与论证的精神，禁止论证，就是禁止科学。学术自由、大学自治是大学办学的必然要求。现在的领导人都是出自于大学。希望这个社会能对大学及大学的规律多一些尊重。

马国川： 大学毕竟和政府、企业、其他社会组织有区别。

龙宗智： 目前大学自治不够，同时司法的自治即司法机关依法独立行使职权也很不充分，甚至还有地方上的某种自治性及权益保障问题。冯亦代老先生曾说过，中国文化中根深蒂固的观念之一是“大一统”。但是我们不应当以“大一统”否认利益的多元化和一定程度的自治性。有时候地方的保护主义也体现了一种消极的反对。不过，大学这个组织体可能比其他社会组织体特殊一些，因为它要产生学术、孕育思想，所以更需要一些空间，更讲究其自治性。大学自治包括两个方面：一个是相对外部的，也就是大学对政府的关系；一个是相对内部的，内部自治涉及大学基本学术单位的自治，它包括教师权利的保障问题。这些问题不解决，大学的创造性就会受到抑制。

马国川： 在建立大学制度的时候，校长能够发挥什么作用？比如在解放以前，中国几所大学之所以能够走到世界的前沿去，恐怕和那几个校长有很大的关系。

龙宗智：大学校长对一个学校会有影响，但是不一定能够决定学校的基本体制和运行机制，因为要受外部环境和内部条件的限制，尤其是现在，大的格局已经确定下来了。比如内部管理体制已经确定，在这种情况下，你这个校长的空间就是有限的，校长的办学理念、办学思想对大学的影响也是比较有限的。在这种大的格局下，大学校长个人很难在学校的历史上打下非常深刻的个人烙印。

马国川：不可能有根本的改变？

龙宗智：不会有大的改变。

马国川：总的来说，您仍然坚持一种“相对合理主义”的思路来看待大学制度的建立。

龙宗智：不过，我并不主张得过且过的犬儒主义。我担任校长时对学生的最后一次讲话是在研究生的毕业典礼上，题目是“大学的精神”。我说大学的任务是什么？就是培养一种理想主义的人生态度和理性主义的学术精神。这是大学的精神之所在，也是大学的意义之所在。作为政法大学毕业的学生，应当树立法治的理想，把维护国家法治、匡扶人间正义当做自己的终身使命，而在遇到操作问题的时候，一定要理性，要思考怎么解决问题。

中国的大学自治问题，有制度的问题，有技术的问题。大学制度的建立，一方面要坚持大学发展的规律，但是另一方面，如果要进入操作的时候，还是需要采取可行的方案，我说的可行方案只是一个在现有格局之下的路径选择，并不就是最佳方案，是次优选择。我希望社会能给大学更多的空间，而大学也尽量去做。

马国川：不可能一蹴而就。

龙宗智：因为受总体条件的限制，只能采取这样一种办法处理问题。这种“相对合理主义”的改革路径选择，最关键的问题是一定要有一个目标的追求和底线的设定，如果不是那样的话，那很容易蜕化成为为现实的不合理的东西进行辩护的理由。曾主管法院司法改革的最高法院原副院长王怀安说过一句话，我们司法改革就是要胸怀大目标，一步一步地走。我说这句话正好体现了我的“相对合理主义”的主张。在市场经济、对外开放以及信息化的社会条件下，改革已不可逆转。我相信中国终能实现法治，也能够建立起真正的现代大学制度，虽然道路不免是曲折的。

采访时间：2009 年 4 月 16 日

采访地点：成都 华尔兹广场天奇香茶艺馆

徐显明

要办受人尊敬的大学

徐显明 人物简介

徐显明，山东大学校长。1957 年 4 月出生，山东莱西人，法学博士，教授，博士生导师。1975 年参加工作。1978 年考入吉林大学法律系，获法学学士、硕士学位。1985 年执教于山东大学，1991 年破格晋升为副教授，1992 年破格晋升为教授。行政工作历任教研室主任、系主任助理、系副主任、系主任、院长、校长助理、研究生院院长、副校长。2001 年 9 月任中国政法大学校长。2008 年 11 月任山东大学校长。现任第十一届全国人大常委会委员，全国人大法律委员会委员，中国法学会副会长，中国法理学研究会会长，世界法哲学与社会哲学大会中国分会主席。

采访手记

2008年11月《南方都市报》上发表了一篇评论《教授家中坐，校长天上来》，各大网站纷纷转载。文章的作者是中国政法大学教授何兵，他是我素未谋面的朋友。何兵在文章里说："新一轮重点大学校长、书记人事变动正在紧锣密鼓地进行。我所服务的大学的前校长已荣升为副部级大学的校长，而新任校长尚无音讯。全校数百名教授正屏声静气地等待着主管部门的官员们揭开他们的宝葫芦。"在那一轮校长大变动中，徐显明由中国政法大学调任山东大学担任校长。

半年后，徐显明校长赴美访问前夕，在北京友谊宾馆接受了我的采访。我们坐在友谊宾馆一楼大堂的咖啡厅里，各自点了一杯咖啡，然后就开始了闲谈。

一开始我们谈论的话题并非是教育而是法律，这是我的爱好，也是徐显明校长的专业——他是一位在法学界有影响的专家，也是中国众多大学校长中为数不多的几位法学家之一。不过，这并不奇怪，徐显明校长曾经担任过中国政法大学校长七年，由法学家出任一所以法律为主的大学的校长，不是应有之义吗？应该奇怪的是，出身文科的大学校长太少了。美国的许多大学校长都是学法律出身的，而中国的大学校长基本上出自理工科。早在2003年，北京大学校长、中科院院士许智宏就公开表示，“我认为，北大未来的校长应该来自文科”。他还透露，他已经向主管部门表达了自己的建议。但是，许智宏的建议显然没有见效。在徐显明在内的重点大学校长的人事变动中，接任许智宏的周其凤仍然是一位科学家。

2008 年 11 月徐显明回到了济南，担任山东大学校长，而七年前他就是从这里进京担任中国政法大学校长的。山东大学创立于 1901 年，是继京师大学堂之后我国第二所国立大学，是中国现代大学教育的重要发祥地和文化科教的重要基地。纵览山大历史，从文学家杨振声到剧作家赵太侔，从哲学家华岗到教育家成仿吾，文科出身的学者担任校长恰是其传统。在这个意义上，徐显明的回归也是山大历史传统的回归。

在友谊宾馆的咖啡厅里，我们谈论的话题在很久以后才转入大学问题。显然，徐显明对这个问题是有系统的思考的，他侃侃而谈，直至中午。因为他午间有事，于是我们又约在下午继续这次采访。因此，采访前后持续了将近六个小时，这是我这个系列采访中时间最长的一次。徐显明确实有法学家的开阔思维和缜密逻辑，对每个问题都有全面的分析和论证。但是在我将采访记录整理成稿送他审订后，他却忙于各种工作没有时间回复。于是，三个月后我就将访谈稿发表在了《经济观察报》上，当然，我没有忘记在文后注明“未经受访者本人审订”的字样。

■

国内大学的三大差距

马国川： 近年来，国内的大学纷纷提出“建设世界一流大学”。我注意到，您提出要办“受人尊敬的大学”，这是基于什么考虑呢？

徐显明：“一流大学”不如“受人尊敬的大学”更准确。什么是一流？一流带有流动性。

马国川：如果把“受人尊重的大学”作为国内大学的目标，那么我们和世界上受人尊敬的大学之间的差距到底在哪里？

徐显明：2007年哈佛新任校长的就职演说讲了两句话，第一句话是当一个大学不断地沉浸在自己的回忆当中的时候，这个大学一定是没落了。第二句话是如果一个大学过度地强调它对现实的责任，那么这个大学一定是功利化了。现在许多大学都在打着“为社会服务”的旗号而陷于功利化了，新浪、搜狐前20个广告位里，有一所大学最多的时候一下能占14个，这14个广告是什么内容？全部都是指向不同富有阶层的所谓的培训班，比如总裁班、经理班、儒商班，甚至还出现了一个淑女班。

马国川：今天国内的某些大学总是不断地追溯历史，回忆过去，重温过去的荣光，而实际上与国外的某些大学相比已呈现出差距了。至于大学变成了富有者的工具，那已经背离了大学的本质。

徐显明：那么，中国大学与世界上受人尊敬的大学之间的差距到底在哪里？首先，表现在我们的教育理念上。蔡元培就任北大校长的时候，来自德国洪堡大学的评价说：“在中国还见不到一流的大学，但是我们已经见到了一流的校长。”蔡元培毕业于洪堡大学，他已经具备了现代大学的教育理念。所以教育理念是至关重要的，它是大学水平的一个风向标。有一个好的理念，大学就有希望；没有一个好的理念，大学可能就是平淡的。可是我们大学的教育理念受到了某些社会不良风气的侵袭。

第二个差距是表现在我们的师资水平上。

马国川： 过去人们更多地强调大学校长的作用，西方的教育学上有一句谚语："一个好的大学校长就是一所好的大学。"毛泽东在创建中央党校的时候也说："要建好一所学校，第一要有一个好的校长。"

徐显明： 现在我想把这句话改造一下：一个大学校长固然很重要，但是更重要的是大学的老师。教授就是大学，有什么样的教授就有什么样的大学。我们以斯坦福大学为例，斯坦福大学在聘任教授的时候只有一个标准，那就是能不能证明你是世界上最好的？如果能证明，那肯定就要录用你。如果不能，那一定选择比你更好的。上世纪二十年代的哈佛校长讲过一句话，一个大学之所以受人尊重，既不在于这个大学的校舍，也不在于这个大学的设备，而是在于这个大学有一代代受人敬重的教授。后来清华大学校长梅贻琦把这句话改造为"大学之大，非大楼之大，乃大师之大"。所以我说教授就是大学，有什么样的教授就有什么样的大学。

马国川： 中国之所以现在没有世界一流的大学，就是因为没有一代代受人尊敬的教授。

徐显明： 这是我们和世界上受人尊敬的大学一个最大的差别。

第三个差距表现在教育体制上。诺贝尔奖获得者里面华人已经不少了，但是没有一个是在中国获得的。我看到一个资料，把各个领域里最顶尖的、最具有创新能力的前200人集合起来，整个世界可以集合6 000人左右，这6 000人里大概有60人是有中国背景的，而其中有40位现在美国，其余的20位分布在世界上的其他国家，没有一位在中国。其中有些是我们自己培养的，他们到了美国、欧洲，就成了受人尊敬的教授。

马国川：中国为什么没有产生受人尊敬的教授？

徐显明：我们不能不思考，中国经济发展非常迅速，对高等教育的需求越来越迫切，可是为什么我们没有一流的创新型人才？问题在于教育体制是不是符合教育规律，是不是有利于有创新能力的人成长？教育体制有没有活力，最终表现为培养出来的人是不是有活力。杨振宁先生有一个说法，把一个人的智力水平设定成100分，那么中国的大学只适合培养智力水平80分以下的人。这个说法和我的想法是一样的，当你的智力水平达到81分的时候，在中国的大学里是开发不出来的。

马国川：在您看来，中国的大学与世界上受人尊敬的大学在三个方面的差距甚大：教育理念、师资水平和教育体制。

徐显明：主要是表现在这三个方面，现在已经不再是物质条件方面的差距了。

马国川：一些大学的硬件条件已经达到了非常高的程度。

徐显明：我在耶鲁大学听到过一位耶鲁法学教授说，你们中国已经有世界一流的法学院了。这是对我们的极大讽刺，因为到目前为止我们还没有产生过一位对世界有影响的法学教授，只是一些法学院已经建设得堪称是世界上最漂亮的和条件最好的了。

马国川：只见大楼，不见大师。

徐显明：一个体制若有利于教育使命的实现，就是一个好的体制；不利于教育使命的实现，这个体制可能就是僵化的。我们现在的教育体制比较僵化，在大学里就表现为大学的行政化和功利化。所以我们要改革教育体制，创立一个有利于创新的体制。

■

从微观管理转向宏观管理

马国川： 改革教育体制，落实到大学，就是如何改革大学管理体制。

徐显明： 大学管理体制涉及四重关系，第一重就是大学和公共权力之间的关系。

马国川： 也就是大学和政府之间的关系。

徐显明： 对。大学和政府之间的基本关系有四种类型。第一种是隶属型的，大学只是政府的一个组成部门。像京师大学堂刚建立的时候还同时行使国子监的职能。第二种是管理型的，它又分为直接管理和宏观管理两种。像法国的大学现在就是直接管理的，校长直接由政府来任命，教授也是政府任命的。所以在欧洲的发达国家里，大学最没有活力的就是法国。法国现在正在改革这种直接管理的高等教育体制。日本、德国的大学也是管理型的，但是实行的是宏观管理。政府只给教育政策和指导意见，具体怎么办是大学自己的事情，但是大学教授的席位政府要控制。像德国的大学教授席位都是国家统一来掌握的，教授席位出现了空缺，要面向全国或者全球招聘，实行教授标准统一化。第三种就是监督型的。日本正在进行高等教育体制改革，走大学法人化的道路，把大学从政府管理当中独立出来，变成一个独立的法人，接受政府的监督。第四种类型就是美国的自治体制，也即大学自治。前面三种模式都要求向政府负责，自治型的大学不向政府负责，大学只向法律负责。只要是在法律的范围之内，办学的一切事情都是大学的责任。在这个意义上，政府的警察要进到学校里来首先就得经过学校的许可，若学校不许可，警察都进不到学校里来。

马国川：在美国是这样的吗？

徐显明：在美国和日本都是这样的。日本历史上有个判例叫做“宝宝勒事件”。东京大学的剧团上演一些和社会主义、共产主义有关的剧目，引起了政府的警惕，担心学生被“赤化”，但警察要进来必须经过大学校长的允许，而如果向大学校长申请，肯定是拒绝他们入内的，所以警察就穿上便装进到学校里来看学生的表演了。在演出过程当中，学生盘问某个警察，他也不敢暴露自己是警察，后来被学生当做坏人吊起来，几个小时后这个警察就死掉了，事情闹大了。学生到底应不应该负责任？最后这个案子到了最高法院（日本称最高裁判所），裁定学生无罪，政府有责任，因为警察进学校没有经过学校的允许，给表达自由构成了侵害，政府侵害了大学的自治。

马国川：这个案例非常有意思。

徐显明：这种模式叫做自治型，大学只向法律负责。政府和大学之间的关系大致分成四种，中国目前属于前两种，大学和政府之间既不是监督和被监督的关系，更不是大学自治，大学是被管理的对象。在我看来，如果这个体制不能作更大的改变的话，那么至少也应该从政府对大学的微观管理转向宏观管理，这是近期中国处理政府和大学之间关系应该明确的一个走向。

马国川：难道不能建立监督的关系或走向大学自治？

徐显明：目前还无法建立这种关系，这是有原因的。这涉及大学体制的第二重关系：大学和资本之间的关系。谁来决定大学？物质力量决定精神力量，谁出资，谁就决定大学的性质。历史上的大学大致也都是这样的，出资人的意志就要变成这个大学的意志。比如，私立大学的董事会决定大学的办学方式。董事会是谁组成的呢？是出资人组成的。中国的民办大学是企业家出资来办的，那么企业家的想法就要变成大学的想法。在中国，绝大部分大学是政府出资办的，所以政府就决定了大学的意志。

马国川：但是目前中国的公办大学也不完全是政府出资的，还有另外的两个来源，一部分是学生缴费，另一部分是大学通过自己的努力从社会上筹集来的。

徐显明：所以除了政府之外，大学还应该充分考虑学生的意志和社会的意志。目前我们这一点做得还很不够。大学体制的第三重关系是大学和社会的关系。一所大学不仅仅是被社会意志所决定的，它也应该有能力影响社会。大学有自己的使命，也就是大学要不要做社会的灯塔，以及要不要做社会的引领者。

马国川：第四重关系？

徐显明：大学体制的第四重关系就是大学的内部管理体制。

大学里“四权分立”

马国川：大学的内部管理体制现在存在诸多问题。

徐显明：大学的内部管理体制，说到底是大学内部不同意志之间的关系。在中国的大学里边，有四个公共权力是同时存在的：首先是政治的公共权力，就是党委；其次是行政公共权力，以校长为主要领导的行政架构；第三是学术的公共权力，由教授或者教授代表组成的学术委员会；第四个是民主的公共权力，由教代会、职代会行使。这四个公共权力的方式和内容各不相同。政治的公共权力行使的是决策权，重大事件由党委来决策；行政的公共权力行使的是执行权或者是管理权；学术的公共权力行使的是独立的判断权力；民主的公共权力主要是监督。

马国川：人们习惯性地认为大学是一个二元体制，所谓的“党委领导下的校长负责制”，不就是二元体制吗？

徐显明：理解为二元体制也没有什么错，可是，准确地说，应该是四元体制。在四元体制当中，有人说前两元是根本性的，我认为不对。在一般的共同体里，谁的职位最高谁就拥有最高权威。但是，大学与一般共同体是不同的。大学是知识的、学术的、文化的共同体，不能看职位，谁拥有的知识最多，谁的学术水平最高，谁在文化上最有代表性，谁就是最高权威。所以大学里边真正的权威不是来自于书记和校长，而是拥有最高学术水平的学术权威。这就是大学的独特地位。所以谁的知识最多，谁的学术水平最高，谁的文化贡献最大，谁就是这个大学里最受尊重的人。大学是由不同学科组成的，因此学术权威又是多元的，必须由多个学术权威共同组成。所以大学里边最受尊敬的人一定是各个学科里边的最杰出的教授代表，他们应该受到最高的尊敬。这就是学术委员会。当分解为每一个单个人时，就是一个个的学术权威。这就是大学和其他共同体的不同。中国的大学现在出现的最大问题就是当书记或者校长侵犯学术权威的时候，或者是当以政治的判断、行政的判断来代替学术的判断的时候，这个现象得不到校正。

马国川： 这就是大学的行政化后所产生的问题。

徐显明： 当大学的四个公共权力和谐一致的时候，这个大学就充满了活力。可是目前中国大学的状况往往是行政的公共权力替代甚至侵害学术的公共权力，而民主的公共权力，也就是教职工参与大学管理的渠道，是非常狭窄的。

马国川： 从根源上来讲，这种不协调的现象是否是由这种管理体制本身所引起的？

徐显明： 我用了很长的时间来研究这个体制，研究的结论我不像有些人那么悲观。

马国川： 您认为它是合理的？

徐显明： 是非常适合中国体制的，关键在于要对这个体制给予准确的解读。这个体制和目前中国的国情相适应，这有几个根据：第一，大学现在的事务和过去没有区别，我们每一个大学都是一个社会，除了火葬场之外什么都有，大学缺乏那种纯粹性。处理中心工作以外的社会事务绝不是校长的强项，所以要由一个党委来处理这些社会事务。第二，大学还有一个特殊的使命，这就是任何时候都要保持大学的稳定，而党委做这项工作最合适。第三，大学里的构成群体特别复杂，相互之间的利益冲突随时都可能发生，化解内部的各种矛盾，党委做这项工作是最适合的。所以中心工作留给校长去做，中心工作以外的保障性的工作由党委来做。大家总是习惯性地用地方关系来解构和解读大学里的关系，认为大学里的党政关系只是地方上党政关系的翻版，所有的症结都出在这儿。其实，大学里校长和书记之间的关系，第一不是行政上下级之间的关系，第二也不是管理与被管理的关系，第三也不是产生与被产生的关系，第四也不是负责与被负责的关系。这两个人之间的关系，就是为了一个共同事业的合作和伙伴关系。

马国川：合作和伙伴关系最难摆布，就像合伙制企业是最难做的，非常容易搞出毛病来，搞到最后甚至反目成仇。

徐显明：要解决这个矛盾，就要明确大学的法人治理结构。任何一个法人单位治理结构离不开三大权，大学不同的地方是还多了一项学术的公共权力。学术的公共权力要保持独立性的话，那必须同时得到另外三种权力的尊重。另外三种权力，一个是决策权，要党委来行使；另一个是执行权和管理权，由校长来行使；还有一个是监督权，由教职工代表来行使，大致相当于企业里边的董事会和监事会。权力关系的原理就在于三权界限必须是明确的：三权充分尊重学术权力的独立性，党委不能决策学术思想；校长也不能管理学术思想，只是运用学校的资源为学术提供平台；监督权也不能监督学术思想，只能监督执行的准确性。

马国川：大学是四权分立。

徐显明：大学和一般的法人不同的地方就是这三权一定要尊重学术的独立性和权威性，它实际上是四权分立。避免矛盾的办法就是进行明确的权力界限的划分，就是把法人治理结构的原理引进到大学当中，但是又充分体现大学公共权力的特殊性。

马国川：四个公共权力之中，政治的公共权力和行政的公共权力最难处理，也就是书记与校长之间的关系很难处理。

徐显明： 党委领导下的校长负责制要避免书记和校长之间的矛盾，有两个法宝：首先是各自的工作职责一定要明晰，最低要求就是不要交叉，交叉就是制造矛盾；其次，党委书记和校长两个人之间实行协商与沟通，只要涉及大事情，一定要协商一致，这叫做“一致性原则”，是《国际法》的一条总则。一致性原则可以最大限度地减少矛盾。只要用到这两个法宝，党委书记和校长的关系就能处理好。

■

关键在于对体制给予准确的解读

马国川： 您把大学存在的权力分为四种，很有启发性。可是，这是当初设计时的初衷，还是事后的个人解读？

徐显明： 无论是怎么安排的，关键在于能不能解读正确。

马国川： 或者说，向正确的方向去解读。

徐显明： 向着符合教育规律的方向去解读。所以要寻找制度里的“善”，而不是去挖掘制度里的“恶”。其实，中国大学的内部管理体制也在不断变迁。1961 年中共中央作过一个决定，俗称“高教六十条”，规定“党委领导学校的一切工作”，这是党委领导下的校长负责制的制度的起点，当时叫做“党委领导下以校长为首的委员会负责制”。上世纪八十年代全国有十所大学试行校长负责制，后来才改变为“党委领导下的校长负责制”。我们再往前追溯一下。在北京大学的历史上，蔡元培做校长的时候，主张“教授治校”，把教授的地位提得很高。教授管理大学，校长只是教授意志的执行者。实际上，这是蔡元培的极其聪明之处。在北洋政府的背景之下，他是用教授之名向北洋政府施加压力。北洋政府不害怕老百姓，也不怕警察，就是怕大学教授。所以蔡元培一生总共用了十一次这种办法，非常娴熟。

马国川： 蔡元培也是一个政治家。

徐显明： 有两个蔡元培：一个是作为教育家的蔡元培，我们现在对他进行了充分的肯定；还有一个是作为政治家的蔡元培，也就是他做了教育部部长以后的蔡元培，那是一个反面的蔡元培，他做了教育部部长后在所有的大学里面都推行党化教育。蒋梦麟做了校长以后，明确提出来教授怎么能治校呢？教授的本分就是从事学术研究。他明确提出来要把大学的管理责任还给校长，所以叫“校长治教”。教授就是负责学术研究，教书育人；校长管理大学，给大家创造条件，守护大学的传统。

马国川： 蒋梦麟去世的时候对自己有一个评价：既不像蔡先生那样能够把教授们抬得很高，也不像胡适先生那样把北大在国际上的地位抬得很高，这两个人都是北大的功臣。我没做什么贡献，但是我问心无愧，我是北大的功狗。

徐显明： 所以你看，同是北大的校长，蔡元培和蒋梦麟的管理主张也是不一样的。到底哪一个体制更适合高等教育，在人类高等教育史上有许多变化，不是只有一套模式。美国的私立大学和公立大学是不一样的。私立大学的董事会里的名誉主席是最高代表。公立大学州里有一个遴选委员会，委员会的主席往往是议会的成员，他到议会里边争取经费，也由他来主持遴选大学校长。所以他是指挥和命令大学校长的。法国甚至有一所大学，校长由在读的学生担任，校长再选聘教授。因为学生流动性太强，不利于大学的稳定，所以后来慢慢就废除了，演变为教授之间互相推举校长。世界上没有统一的大学管理模式，不同的国家是不同的，同一个国家的不同时期也是不同的。

中国的大学体制和外国的大学体制的差别在哪里？不是我们这个体制有问题，体制的设计的出发点是很好的。“党委领导下的校长负责制”如果有一个很正确的理解，特别是党委书记和校长能够有正确的理解，那么这个体制就非常适合于中国。当然，这个制度不是说十全十美的，还存在一定的缺陷。一个好的制度应该有两个功能：一个功能是避免发生不希望发生的事情，另一个功能就是迅速地校正。大学里，党委领导下的校长负责制在预防上做得比较充分，但是现在缺乏一个校正机制。

马国川： 当有人不遵循规则的时候，不能得到迅速地校正。

徐显明： 所以，目前大学内部管理体制改革的当务之急是尽快地建立起校正机制。

马国川： 在您看来，现行的“党委领导下的校长负责制”是适合中国的国情的，但是这么多年来这套体制运行得并不十分理想，难道说人们都没有认识到这个体制的意义吗？

徐显明： 可以说，绝大多数人都没有认识到它的意义。关键在于要对这个体制给予准确的解读。人们一定要理解体制里的运作规律，建立大家都尊重的权力界限，同时尽快地建立校正机制。同时，对党委书记来说应该是一个懂教育的政治家，而对校长来说则应该是一个懂政治的教育家，这也是中国大学治理的一个特殊性。

■

大学校长应该是四“家”合一

马国川： 您能不能描述一下您理想的大学校长是什么样的？

徐显明： 理想的校长应该是一个政治、教育、学术、管理四个方面都很全面的人才。首先，他必须是教育家。怎么判断？就看校长的教育理念、教育思想的最终实践的受益者是谁？如果最终受益者是学生，那就是教育家。如果并不是学生，而是学生以外的其他群体，那就不是教育家，连半个教育家都不是。

马国川： 是教育家的大学校长，也一定能够得到学生的尊敬和拥戴。

徐显明： 其次，大学校长应该是学问家。没有学术背景的大学校长很难理解教授们在想什么，没有学术背景的大学校长也很难保证不去侵害学术权力。是学问家的大学校长知道教授们在想什么，懂得学术规律，也能够尊重学术的权威性，容易和教授们进行沟通，最后都有可能成为教授的代表。

第三，大学校长应该是管理专家。光有教育理念是不够的，作为校长还必须把理念变成行政团队的共同想法，有能力带领团队来实现自己的理念。

马国川： 如果说作为学问家的大学校长能够得到教授们的尊敬，那么作为管理专家的大学校长也一定能够得到学校行政体系的拥护，否则管理就没有效率。

徐显明： 对。最后，一个理想的大学校长应该是政治家或者是社会活动家，政治家的大学校长就能得到政府的尊重，社会活动家的校长就能从社会上获得广泛的资源。所以，一个理想的大学校长应该是这四个“家”合一的。

马国川： 这个标准是不是有点太高了？

徐显明： 如果只是一个家，无论是个什么家，我认为都是不合格的大学校长。哪怕你是个教育家、学问家，不会管理也不懂政治，那就变成一个教育理论家和学问家了；如果只是个管理方面的专家，不懂政治不懂教育也不懂学术，那就变成了一个团长或者是一个营长，像管理军营那样管理大学，虽有效率但是会伤害所有人的心；如果只是一个政治家呢？那就会把大学办得很功利，只对当下负责，就会违背教育规律。当然，要求这四“家”兼具确实要求过高，我排列了很久，这四“家”当中如果具备两“家”，就能够成为一个合格的大学校长。例如，学问家加政治家可以管理好大学，教育家加管理专家也可以管理好大学，管理专家加政治家也可以管理好大学。如果一个人同时能够兼具三项，我认为他就是优秀的大学校长。而把这四项统一在一个人的身上，目前在中国还是凤毛麟角。

马国川： 有没有这样的人呢？

徐显明： 一百多年来，能够将四“家”统一在一起的，第一个人应该是蔡元培，还有一个是南开大学的校长张伯苓。新中国成立以后，可以作为楷模的是清华大学校长蒋南翔和南京大学校长匡亚明。

马国川： 您一定注意到了，这四人都是文科教育背景出身的，而现在的大学校长大部分都是理工科出身的。

徐显明： 一个出色的大学校长不管是什么背景出身的，关键看他是不是有思想。教育家要求必须有教育思想，没有教育思想怎么可能成为教育家？而教育思想当中的核心是什么？核心是教育价值观。而教育价值观的形成绝不是一日之功，一定要有一个很完善的能够产生教育价值观的知识结构。人最难超越的是知识结构对自己的制约。中国的大学今后要成为受人尊敬的大学，大学校长把大学引导到哪个方向上，尤其是给大学选择一个什么样的价值观，是非常重要的。真正有希望的大学既不看过去也不看现在，而应该瞄准未来。所以，一所大学第一是对未来负责，第二是对未知负责。

马国川： 未来、未知？

徐显明： 对，探索未来，探索未知，我根据它们的汉语拼音称为"两个W"，这就是大学永远不变的事。教育家和政治家的区别在这个理念上就分开了。教育家一定不是为现实负责的，而是为未来负责的；而政治家一定是为现实负责的，必须立足现实。解决现实的问题是政治家的第一责任，而对于未来负责是教育家的职责。用这个标准评判一下中国现在的大学理念，我们就能够看到中外大学的差距。

■

大学要有德性

马国川： 什么是受人尊敬的大学呢？

徐显明： 第一个表现就是，这个大学一定是有很高的德性的，有德性的大学才受人尊敬。所以，大学的德性决定了人们对一所大学的态度。

马国川： 什么是有德性的大学？

徐显明： 就是勇于把国家、民族、社会的责任承担起来的大学。"五四”时期，政府失德，大学就站起来了。大学要“厚德载物”，任何人都可以失德，大学不可以失德。“大学之道，在明德，在亲民，在止于至善”。明德、亲民、至善，都是德的表现。教育的本质始终是引领人的灵魂的，所以没有道德的教育就是一种罪恶。教育和人类的其他活动的根本区别是，教育的每一个环节里都能够触动人的灵魂。

马国川： 所以教育在任何时候都不能失德。

徐显明： 现在社会有三类污染：第一类污染是吏治腐败，官德有失，使得既有道德又有才能的年轻人看不到希望。中国两千年没有解决这个问题。第二类污染是司法腐败，这样社会的公正空间就没有了。第三类污染就是教育腐败，教育一旦腐败，人们的道德就没有了。这三大污染是人民最深恶痛绝的，其中教育上的污染是民族根性的污染，危害最为深远。

马国川： 许多大学在教育腐败中难以做到独善其身。

徐显明： 把教育活动拿来为自己创收谋利的大学就是无德的大学。无德的大学怎么产生的？就是没有价值观的大学校长引导的结果。我们已经举行了多届校长论坛，中国的大学校长不谈工程、不谈价值，只谈自己，谈不了别人，也就是概括不出一般性的和抽象性的东西。外国来发言的大学校长都讲价值、讲思想、讲世界性的规律。

马国川： 这说明中国的大学校长缺乏系统的教育理念。

徐显明： 中国的大学校长为什么没有教育理念？因为他们的知识结构产生不出教育理念。可以产生工程观，但是没有价值观。受人尊敬的大学的第一个标志是一定要有德性。校有校德，大学的校德就是有能力拒绝那些来路不明的钱，有一个正确的对待金钱的态度，这样校德就初步建立起来了。剑桥大学拒绝英特尔公司的所有投入，因为教授们说英特尔公司赚的每一分钱都是肮脏的，我们是一个高尚的事业，我们决不用肮脏的钱来建设高尚的大学。牛津大学去年也面临了一次考验，世界五百强的前二十强要在牛津大学投入巨资建立世界上最好的商学院，牛津的教授们讨论了之后婉言谢绝了，理由是你们的想法和我们牛津的人文传统是相背离的，因为我们只寻求一种高尚，我们不愿意和铜臭打交道，教人怎么赚钱不是我们牛津的任务。

马国川：以赢利为目的成为很多大学的追求。中国的大学什么时候有勇气拒绝金钱呢？

徐显明：任何大学都缺钱，无非是如何对待钱的问题。“君子爱才取之有道”，“不以其道得之，不处也”。对于一所大学而言，放在第一位的是校德，校德之后是师德。师德就看每一位教授的五个态度：第一是对待职场的态度。真正的学者是以学生为对象的，不是以社会为对象的。这就是对待职场的态度，能不能忠于职场，是师德的基础。身在学校而心在社会，这就是失德的表现。所以我历来反对教师过度兼职，尤其反对以获利为目的的兼职。第二是对学生的态度。师生之间用学术上的思想来联系，疏远学生的教授不是好教授，当然把学生当做自己私有产品的教授也不是好教授。

马国川：现在一些研究生和导师之间的关系已经质变成了老板和打工仔之间的关系。

徐显明：用学生来为自己赚钱赚名誉，这样的教授有失师德。

第三种态度就是如何对待学术。是当做工具做还是当做目的？用人格来做学术就是最好的学者，人格和学问完全融为一体的时候就是最优秀的教授，功利化的学术应该排除。第四个态度就是如何对待团队。单兵作战的时代已经结束了，现代学术必须依靠团队，所以要有团队精神、合作精神，这是教师的新职业道德。第五个态度就是如何对待社会。一个教师以什么样的态度走向社会？大学教师不能世俗化，不要出入灯红酒绿的场所，应该“行为世范”，应该谨言慎行，对自己不熟悉的领域不要随便发表意见。

马国川： 全才的时代已经结束，这个时代不需要百科全书式的全才，我们只需要各个领域里的专家。

徐显明： 所以对不同的领域随便发表见解，就是缺少最起码的敬畏之心。

什么样的大学是受人尊敬的大学？

徐显明： 是不是一所受人尊敬的大学，第一看它是否有德。大学之德不都表现在师德上面吗？校德看师德，师德决定着生德。所以一所大学受不受人尊敬，关键在于教授。所以我说，教授就是大学，教授决定大学。第二看它能不能产生思想。我历来反对大学排名，因为所有的大学排名都是数量主义的结果，恰恰把最宝贵的东西排掉了，这就是思想。

马国川： 思想是不能量化的。

徐显明： 一所大学要引领社会的灯塔，灯塔里边的灯靠什么来点亮呢？思想是点亮灯塔的唯一工具。有了新的思想，人们才愿意跟从。所以，没有思想、日益世俗化、放弃了自己的使命、不再引领社会而是跟在社会后面亦步亦趋的大学，是不受人尊敬的。不要以为科技当中没有思想，爱因斯坦的相对主义就是一个很伟大的哲学思想。大学是理工科还是文科并不重要，关键看它能不能产生思想。任何学科里边都可能产生思想。有没有思想决定着大学的高度。

是不是一所受人尊敬的大学，第三看它是否具有创新性。大学的使命在哪里？真正有希望的大学既不看过去也不看现在，而应该瞄向未来。所以我前面说大学有“两个负责”：第一个是对未来负责，第二个是对未知负责。探索未来，探索未知，是大学永远不变的事。

马国川： 解决现实的问题是政治家的第一责任，而对于未来负责是教育家的职责。

徐显明： 曾经鲁迅在北大有一个演讲说，“北大是常为新的”，就是说北大是创新的。不光北大是创新的，而且所有的大学都应该是创新的。新在哪里？每年都有新学生入学，每年都有新教员来任教，但这都是次要的，每年都应该有新思想。“苟日新，日日新，又日新”。把创新等同于科技创新是对创新的最大亵渎，要把创新理解为一个思想体系。对自然科学来说，最高水平的创新是创新知识；对工程技术学科来说，最高水平的创新就是创造新的方法；社会科学最高水平的创新就是创新思想、创新文化。

马国川： 大学有活力表现在能创新上，能创新的大学是受人尊敬的大学。

徐显明： 最后，受人尊敬的大学一定是有特色的，是不可替代、不可模仿、不可复制的。要在中国再造一个北京大学不可能，要再造一个山东大学也不可能。在这个意义上，大学和大学之间具有绝对的平等性，大学的尊严、校格是绝对平等的，大家都在同样的起点上。

马国川： 德性、思想、创新、特色，是衡量一所大学是否受尊敬的四个标准。

徐显明： 有的大学可能在创新性能力上是很强的，但是无德，在道德上不断地受到大家的批评；有的大学其他方面比较好，只是没有特色，这个是可以被替代的，也是可以被遗忘的。没有特色的大学就没有魅力。所以，德性是一所大学受人尊敬的基石，思想性是一所大学受人尊敬的高度，创新性是一所大学受人尊敬的能够看得到的未来的动力，而特色性是一所大学受人尊敬的能够看得到的独特的魅力。一所受人尊敬的大学要把这四者结合在一起。

马国川： 什么样的大学校长能够把这四者统领起来并同时展现出来，就是最好的最受人尊敬的大学。

徐显明： 第一先办有德性的大学，第二要办有思想性的大学，第三要办有创新性的大学，第四要办有特色性的大学。我们可以用这四条标准检验教育体制，如果符合，那就是符合教育规律的，否则就应该改革。

（本文根据录音整理，未经受访者本人审订）

采访时间： 2009 年 6 月 8 日

采访地点： 北京 北三环 友谊宾馆

张　杰

未来应该走自己的路

张　杰 人物简介

张杰，上海交通大学校长。中国科学院院士，德国科学院院士，第三世界科学院院士。1958 年 1 月出生，1982 年、1985 年在内蒙古大学先后获得学士和硕士学位。1988 年在中国科学院物理研究所获博士学位。1989～1998 年先后在德国马普学会量子光学所、英国卢瑟福实验室等科研单位从事科研工作。1999 年起任中国科学院物理研究所研究员、光物理重点实验室主任、副所长，2003 年任中国科学院基础科学局局长，2006 年任上海交通大学校长。曾获第三世界科学院 TWAS 物理奖、中国科学院杰出科技成就奖、国家自然科学二等奖、世界华人物理学会“亚洲成就奖”、中国青年科学家奖等。

采访手记

窗外绿草如茵，红色楼房点缀其中，就像一幅宁静的图画，让人感到心旷神怡，使我忘记了自己身在大上海。

室内的一面墙上挂着两排黑白照片，第一位就是在近代史上声名显赫的盛宣怀，他既是洋务运动的一员主将，也是这所美丽的大学的创始人。排在他后面的，有长袍马褂的旧绅士，也有一身戎装的督军，还有西服革履的学者。他们都曾经领导过上海交通大学，在他们服饰的变迁中，这所创办于戊戌变法前夕的学校不知不觉地已经走过了一百多年的路程。最后一张照片充满了现代气息，着西服打领带，平视的目光充满了自信，他就是上海交通大学的现任校长张杰。

现年51岁的张杰是恢复高考后的第一届大学生。1988年在获得中国科学院物理研究所的博士学位后，他先后在德国马普学会量子光学所、英国卢瑟福实验室等国际著名科研单位从事了近十年的科研工作，成为相关领域的国际知名专家。回国后他在中国科学院继续从事科研工作，后来担任了中国科学院基础科学局局长。三年前他来到了上海，担任了这所百年名校的第四十任校长。不久，他还当选为中国共产党第十七届中央委员会候补委员。据悉，目前国内大学校长中担任中委的只有两人。

作为中科院院士，这位一直从事科研工作的科学家对于高等教育有着自己独特的见解。

■

人们低估了高等教育发展的成就

马国川：社会各界对于今天的教育，尤其是高等教育的批评甚多，您怎么看待这些批评？

张　杰：高等教育关系到千家万户，所以整个社会都对大学特别关注，对高等教育有一个很高的期待。但是我不太赞成那种认为中国的高等教育仍然很落后、问题丛生的观点，这个视角本身是有一定问题的。

马国川：问题何在？

张　杰：中国的高等教育一定要放在经济发展的大背景下来考察。我们不能假设中国经济好得一塌糊涂，而教育却坏得一塌糊涂。一个世界一流的国家一定要有世界一流的大学来支撑，这个命题反过来也是一样的。中国的高等教育一塌糊涂，经济也不可能发展得好，这两者是相辅相成的。

想想看，中国的经济在十几年前备受批评，在金融危机的情况下，大家突然转过来说，中国发展得很好。其实这是从一个极端跳到了另外一个极端。说中国经济以前是一团糟，现在却是一片大好，这都不对。中国用三十年的时间就把这么多人的生活水平带到了一个相对比较高的水平上，这是一个非常伟大的事业，这在人类历史上从来没有过的。但是假如从另外一个角度看，过去三十年我们的经济发展也有不少问题，比如说我们的经济发展基本上走的是高投入、高能耗、高消费水平的美国模式，但是地球根本没有办法支撑让中国人像美国人一样的生活方式。现在有一个估计，假如说中国和印度的生活方式都像美国一样，那么大概还需要十五个地球。非常庆幸的是，十年前党和政府就开始意识到，中国的经济发展模式应该逐步地从低端制造业为主快速地过渡到以知识经济为主，从那时起我们就开始做准备，第一个环节当然是从培养人才入手。

马国川： 回望过去的十年，恰好是中国高等教育“扩招”的十年，高等教育开始驶上了快车道。

张　杰： 在过去的十几年时间里面，中国的高等教育在总体规模上快速膨胀，尽管从社会上看似乎只是一个量上的扩张，但其实它对中国的未来至关重要。说到底，知识经济最基本的单位是人，人的素质假如不能提高的话，那么知识经济就完全没有依托。所以在过去的十几年时间里，受高等教育的人群快速扩张，我们在校大学生的人数已经和全球其他国家在校大学生的人数的总和相当了。这看起来只是一个数量的变化，但实际上数量变化一定会推动中国高等教育的质变。

马国川： 但是大家似乎很少看到质的变化方面。

张　杰： 大家应该看到，高等教育是在什么情况下完成量的扩张的。国家在高等教育上的投入一直严重不足，学校只能把资源集中在一起，放到最需要发展的方向上去。比如，在相当长的一段时期里，各个学校为了发展，在极其艰苦的条件下建设新校区，在这个过程中或许行政权力比较大。但在中国特定的条件下，我们注定是要用更短的时间发展得比别人更快的，所以有很多问题都是发展当中带来的问题。

所以不能说中国人的素质就一定不如外国，不能说中国办高等教育的人的理念就一定比外国有多落后。事实上，国外的一些大学校长每一次来到中国，都会为中国高等教育的高速发展发出由衷的赞叹，这样的事情在其他国家都不太可能。

马国川：我们确实听到了许多赞扬的声音。

张　杰：国外的一些大学校长认为，中国国内对高等教育的批评有时候是过于苛刻了，他们作为独立的第三者，觉得中国高等教育不管是速度、数量还是质量，都是让人感到非常惊讶的。

假如只看问题，并且把这些问题放大了看，那么中国的高等教育一团漆黑，但那不是事实。过去的发展已经证明，中国的高等教育可以在一个非常薄弱的基础上走得稍快些。现在没有人不承认，中国已经是高等教育大国，这不是批评出来的，这是干出来的。同样，中国从高等教育的大国变成高等教育的强国，这也是历史的必然。这当然需要一大批兢兢业业办高等教育的人殚精竭虑地谋划未来，勇于实践。

■

大学不存在衙门化

马国川：现在有一大批大学校长是从西方学成归来的，可以把世界上先进的办学理念带到中国来，这可能也是我们可以对未来抱有乐观态度的一个很重要的理由。因为这批人已经具有了世界眼光，随时可以跟世界对话。

张 杰： 2007年下半年美国一个大学校长来交通大学访问，他是个很傲气的人，他回去以后给美国的高等教育委员会作了一个报告，说我们以前一直在关注欧洲的大学，一直觉得亚洲的大学对我们不构成竞争，但是这次我访问了中国后，我的立场变了。他说，中国有一批新一代的大学校长，这一代大学校长和我们脑子里的大学校长不一样。他们讲着流利的英语，风趣幽默，有亲和力，而且他们的年龄比我们平均小十岁，所以他们对科学前沿的敏感程度比我们强得多。最关键的是，这一代大学校长对中国的年轻人是有影响力和号召力的。他说，这样的一群大学校长培养出来的学生，以及他们正在引领的高等教育，是我们美国要重点关注的对象。

马国川： 这位美国大学校长为我们提供了一个新视角。

张 杰： 要评价中国的大学，最好是找发达国家办高等教育的人来评价。外国的大学校长是真正办高等教育的人，他们在深入了解中国的高等教育以后，已经感受到了一种强烈的紧迫感。

马国川： 但是我觉得您乐观了一点，但是乐观是有道理的，毕竟上海交大是非常优秀的大学。可是以上海交大作为一个代表来完全覆盖中国高等教育恐怕也不是太准确的，毕竟中国高等教育的整体状况应该说还不是那样的。

张 杰： 从大学校长这个层面来讲，理应可以做很多很多的事情，与其我们坐在这儿抱怨，还不如去解决一部分问题，即使是在国家暂时还没有足够的财力支持的情况下，我们也应该力所能及地去推动。我作为交通大学校长，能够接触到的中国大学校长有几十个、上百个，他们在干什么我都知道，这一批人都兢兢业业地在自己的岗位上为自己学校的发展在殚精竭虑地做事。

马国川：但是民众所批评的问题确实非常多，难道不存在吗？比如，高校的行政化、官僚化。

张　杰：中国的大学校长要比外国的大学校长忙得多。很简单，因为国家给我们的经费只占四分之一，剩下的四分之三得靠自己去筹集。另一方面，中国的大学对大学生、对每一个员工的关注和帮助要比外国多得多。外国的大学主要干什么？一个是找钱，但找的是很少的一部分，而我们却要找大部分；另一个是找人，只找院长，而我们需要找一切人。在这个激烈变化的时期，做大学校长应该说是巨大的挑战，我相信以后交通大学的第四十一任校长就不会这么忙碌了。我希望到第四十一任校长的时候，他也是像西方的大学校长一样，只是负责找一些捐赠，找一些好的教授，全世界到处走一走，建立更多的联系就可以了。我想，等我老了，回过头来想我走的这条路，以及我和第四十一任校长去沟通的时候，我会有自豪感的。现在中国的高等教育的发展还是非常艰苦的，大学校长需要承担的事情比国外的大学校长多得多。

马国川：您认为大学并不存在衙门化？

张　杰：我不认为大学存在衙门化。

马国川：人们对高校衙门化的批评没有道理？

张　杰：我不认为有太大的道理。什么叫衙门化？首先要有权力才能衙门化，大学有什么权力？没有什么权力，录取大学生的权力？恰恰在录取这件事情上是没有发言权的。没有权力怎么衙门化？连构成衙门的基础都没有。难道在交往的过程中有一点戒心，就说是衙门化？这是不对的。

高等教育中存在什么问题？

马国川： 您也承认我们的高等教育存在问题，那么在您看来主要是什么问题？

张　杰： 我们的确有不少问题，比如说大学的三大职能也就是教学、科研、社会服务，或多或少地都存在问题。现在社会上对大学教育批评不少，比如说教育出来的学生的创新能力不够，这的确是问题，我自己也有这样的体会，我们以前的高等教育更多注重的是知识的传授，在大学学知识当然是重要的，但问题是高等教育更重要的是培养学生的能力。我们要把高等教育变成三位一体的完整的培养体系：知识传授＋能力建设＋人格养成。人格养成，需要对学生的评价方式进行改进。能力建设，则涉及课程体系的转变。过去的一些课程已经老化了，没有跟上中国现在发展的步伐和世界快速发展的步伐，有一些课程只是简单的知识叠加。开设一门课的目的是什么？它能够提高学生的什么能力？我们要不断地问自己这个问题。在大学阶段建立起来的能力是最重要的，因为知识有忘记的问题、有老化的问题，但是获得的能力，包括学习能力、提问能力、解决问题的能力，都是永远忘不掉的。

马国川： 大学在科研上存在哪些问题呢？

张　杰： 学术的功利主义、创新能力不够。原因是什么呢？根本原因是，在过去的特定发展时期，大学的灵魂被异化了。很多学校都对发表论文进行奖励，导致论文数量急剧膨胀。中国学术论文的数量已经很大了，但是相应的科技影响没有那么大，主要的原因是大量论文都不是真正的研究问题，更多的都是在别人已经开创的方向上做一点修修补补的工作。现在应该大声疾呼，把被扭曲了的学术追求纠正过来，把学术追求的真正灵魂重建起来。在学术研究上，要做问题导向的研究。这样的问题有三类：第一类是根本性的科学问题，这需要投入大量的人力物力，出论文也比较慢。因为太追求功利，我们做这样的研究不多。第二类是中国未来的十几年经济社会发展中面临不少“瓶颈”，大学要承担起这些问题的研究，要有前瞻性。第三类是人文社会科学的研究和经济的发展水平相比，这方面我们的差距更大，在世界上基本上没有发言权。我们对自己的过去了解得很多，对现在则了解得不多，对未来似乎更没有了解。过去我们韬光养晦，不希望引起别人的注意，那时候经济总量小，也没有人注意。但是现在我们已经是一个经济巨人，假如我们仍然没有一个系统的未来形象，这不能不让世界对我们产生猜疑。

马国川： 这三类问题都具有根本性。

张　杰： 我们需要对问题进行筛查和判断，是不是根本性的科学问题，是不是中国发展的瓶颈问题，是不是人文社科方面的本质问题。然后进行长期研究，这样就会逐渐形成自己的研究方向，甚至开始产生自己的学派。对于世界一流大学来讲，这是至关重要的。

马国川： 无法想象一所大学的科研经费是世界一流的，人才是世界一流的，但却没有自己的学派。我觉得张校长雄心勃勃，有很强烈的自觉意识。

张　杰：我相信，所有想做事情的人都是这样的。假如说过去三十年高等教育所起的作用主要是培养人和在经济建设上做一些贡献的话，那么在未来的十几年时间里，我们在这方面能够起的作用将会更大。在未来的十几年时间里，中国要初步建成一个知识型国家。大学怎样做才能符合未来中国的定位？假如不是这个定位的话，那么一所大学就不能称得上是未来中国的一流大学。而假如到那时一所大学是中国的一流大学，那么就一定是世界的一流大学，因为那个时候中国就是世界。过去三十年时间里人们所定义的科学前沿，实际上就是美国的科学前沿，这是现实。因为道理很简单，美国的GDP占到了世界的百分之三四十，全世界都要跟它打交道，所以它感兴趣的问题一定是全世界都感兴趣的问题。但是从2020年开始，中国和印度两个国家的GDP合起来可能占到全世界的百分之三四十，到那时中国关心的问题可能就是世界的科学前沿问题。我们最需要解决的困难，其实对世界文明的发展也是至关重要的，也是有非常大的借鉴作用的。

马国川：对大学的功能，应该怎么理解？

张　杰：大学的功能就是服务。服务有两层含义：一方面是为社会服务，为社会做贡献；另一方面是为学生服务。过去强调前者而忽视后者。一些工作，比如给本科生上课本来是教授的职责所在，但是过去过分地强调了按劳取酬，把应该做的工作也抵作钱，这就不对了，而且导致学术追求的异化。原因在于，为了加强研究能力，我们把学术研究置于了教学之上，学术研究似乎高于教学，教授来自研究的收入也大于教学收入。从管理的角度看，科研项目的成绩容易量化，但教学上的成绩却不容易量化。教授的收入四分之三应该来自他的教学工作，四分之一来自学术研究，这样才是比较正确的收入体系。

随着中国大学逐渐走向世界，变成全球化的大学以后，大学的另一项功能也开始显现，这就是文化融合逐渐逐渐地加强起来。不只是中国五十六个民族的文化融合，更有和世界文化的交融。在和外面世界交流的过程中，对比高等教育发达的先进教育理念，我们应思考如何把它们运用到中国的实际中去。

■

方向错掉就完了

马国川： 自从中国创办大学以来，一百多年一直是一个不断向西方学习的过程。新中国成立后的很长时间里学习苏联，1978年以后这三十年又开始重新开始向西方学习了。

张　杰： 现在又走到了一个新的节点上了，高等教育开始自觉地从原来比较简单的学习，转向自觉地进行选择性学习，并转到了自我创造的道路上来了。

马国川： 您的自觉意识是非常强烈的，但是很多人认为，我们现在还远远谈不上走“中国道路”、创造“中国模式”。

张　杰： 就像所有的人都没有料到中国的经济会发展得这么快一样，中国高等教育也在以出人意料的速度发展。现在我们非常焦虑的很多问题和困难，在未来的十年时间里可能不再是问题。比如说经费问题，十年后中国大学的经费跟国外一流大学的经费可能差不多了（事实上，我们的硬件现在已经差不多了）。

马国川： 到那时就不差钱了。

张　杰： 到那时，现在大学里很多问题都会迎刃而解，现在大学的很多问题都是因为经济上没有强大的国家财政支撑产生的。所以，如果现在不去想十年以后大学该怎么办，就会丧失机会。我们现在需要的是前瞻性的思考。

马国川： 您也承认，西方高等教育经过几百年的发展积淀，已经有了一套成熟而完整的教育理念、教育模式，这些东西事实证明都是成功的。对这些东西，我们现阶段到底学了多少？与之相比我们还有多大的差距？再有一个问题，您所说的中国将来的高等教育模式和世界的共识有什么差别？

张　杰： 这两个问题原则上讲其实是一个问题。中国的高等教育当然是世界高等教育的一个重要组成部分，中国高等教育的基本框架都是从西方那儿学来的，这是不容否认的事实。现在离最好的大学距离还有多远？时间很难衡量，因为时间取决于速度，速度快了时间就短了，当然在快速的发展当中不能犯重要的错误，方向错掉就完了。所以未来的发展过程当中，一方面还要不断地学习，但是更重要的是要思索走一条自己的路。在未来的十年二十年时间里，中国的高等教育也要发生根本性的变化，有很多东西要逐渐地变成自己的东西。中国高等教育是世界高等教育的组成部分，我们也在给世界的高等教育做贡献。

马国川： 我们从来没有脱离过这个世界，我们创造的也恰恰是这个世界创造的一部分。

张　杰： 我们曾经脱离过世界，“文化大革命”就丧失了发展机会，造成了很大的损失。所以，一方面我们还要继续学习，不能认为自己有多么了不起，我们现在就可以自立门户了，甚至还回到过去的闭关锁国的政策上去，那绝对是错误的。另一方面，要有自觉的意识，在不断解决自己问题的过程中探索和创造出自己的模式。中国的高等教育说独特也独特，说不独特也不独特，它和中国经济发展的道路其实是很相像的，大学也有一个逐渐学习和逐渐吸收的过程，但是更重要的是在实践中逐渐走出自己的道路来。

最重要的是对中国未来的信心。高等教育是一个百年树人的过程，很多东西不是马上就可以见效的，但是只要踏踏实实地做，对中国的未来是会起重要作用的。在未来的十年，中国经济还会发生更加根本性的变化，很有可能到 2020 年赶上美国。我们对高等教育也一定要有这样的信心。说到底，教育最根本的基础，一个是人，一个是钱。我们有了那么多钱，中国又有这么多人可供选择，没有道理办不成世界一流的高等教育。面向未来，我们要充满梦想，并充满理想地去追求我们的梦想。在上世纪三十年代，上海交通大学就在世界上有了非常重要的影响，那时它才创办三十多年。在过去的三十年里，中国的高等教育一方面是自我发展的过程，更重要的是向西方的高等教育学习到了很多东西的过程。西方的高等教育是人类文明的结晶，几万所大学在几百年的时间里积淀下来的经验和精华，形成了现在的高等教育理论。在过去的三十年时间里，我们对这些高等教育理论讨论得很多，实践得也很多。在未来的十几年时间里，也就是在中国经济发展的关键时期，中国的高等教育走的路大概是一条和其他国家不一样的路。

换句话说，假如说过去三十年我们是以学习为主的话，那么在未来的十几年时间里中国的高等教育应该走自己的路，形成自己的高等教育理论，并以此为世界高等教育做出巨大贡献。

马国川： 直言不讳地说，您的观点恐怕会引起一些批评，因为在许多人看来，我们仍然处于学习阶段。

张　杰： 不是说从此学习就可以停止了。这两个阶段不是截然分开的，就像中国经济一样，不是现在停止向西方学习了，而是说要选择对我们最适合的经济发展模式来学习，而不是一味地向美国学习。学习的对象可能要按照我们自己的需求来寻找，不是一味地说哈佛大学怎么样，哈佛大学校长说了什么，我们就应该怎么样，这个阶段我觉得已经过去了。

■

一定会走出自己的路

张　杰： 我任校长之前阅读了大量的西方高等教育文献，西方的高等教育理论里的确有很多非常精辟的论述，很多东西对我来讲都是启蒙，但是经过这几年的实践和观察，我发现，中国高等教育都是从问题出发去解决问题的，这是中国高等教育发展的一个特殊的切入点。

马国川： 而不是说我们有一个完整的构思和规划，然后再按照构思和规划去做，而是在解决问题的过程中逐渐构建我们自己的高等教育理论体系。

张　杰： 因为中国的高等教育发展是和国家的经济发展息息相关的。

沙特阿拉伯拿出一百亿美元建设一所大学，聘请世界各国的大学校长担任校董为学校设计未来，校董主要是欧美大学的校长，除了沙特阿拉伯本国外，亚洲人只有我一个人，所以我参与到他们的构思当中，发现人家完全是按照最理想的模式去设计、施工和建设的。中国没有这样的经济环境，很多东西不能照搬，不是西方的高等教育理念搬过来就完了，其中也有不适合中国国情的。

不管是从中国经济发展的大背景来看，还是从历史发展的角度来看，我们都可以对中国高等教育抱有比较大的信心。这种信心来自于历史，也来自于现实，来自于我们中华民族本身的优良特质。中华民族比较节俭，爱在教育上投资，只要善于把握住这些特点，中国的高等教育发展一定会比其他国家的高等教育发展得更好、更快。

马国川： 您认为构筑中国高等教育模式的过程中的最大障碍是什么？

张　杰： 有一些问题，大学校长这个层面可以解决，但是还有一些问题，是需要国家来解决的。比如说，要想让教授耐得住寂寞去做那些原创性的东西，就要给他们一个体面的生活条件和充裕的经费。大学员工的工资年增长率应该不低于每年 GDP 的增长率，或者起码不低于通货膨胀率。但是作为大学校长，我们没有能力。

另外，国家拨款只有四分之一，去找国家和企业申请来的科研经费是一个大头。在国外，不管是政府的钱还是企业的钱，允许大学拿出 40％到 50％的钱当做人头费，让教授们安下心来去做研究，但是我们国家的比例只有 5％左右。美国大概有 20％～80％的经费是直接下达到大学和研究院所的，让老师和研究人员做自主创新的工作，而我们这里80％的钱抓在国家手里，老师只要做研究，就要到不同的部门里去申请钱，每年要花大量的时间和精力去北京答辩，而且不管项目多大，五年就要结束，促使大家都在做短期研究。

马国川：这是一个相信大学校长还是不相信大学校长的问题。

张　杰：要是相信大学校长可以用得非常好，大学校长可以让教授们自主研究，可以让学生和教师有更好的生活。而现在的科研资金管理方式对人力资源是一种极大的浪费。另外，媒体要对中国的高等教育有更多的信心。我们有一批大学校长，有自己的梦想，同时充满了期待，带着学校往前走。假如媒体能够给我们一些更多的理解和关注，能够让更多的民众对中国的高等教育的未来有更大的信心，那么中国的高等教育就会走得更快、发展得更健康。我们不是说不希望舆论的监督，我们真的希望不要戴着有色眼镜看大学。这也是我们中华民族的一个优点，比较喜欢批评，批评是有好处的，但是有时候批评太多了，整个舆论导向就全变了，甚至说中国高等教育已经成为了腐败的重灾区，这是完全不符合事实的。不同的学生家长都有不同的诉求，满足不了自己诉求的时候，都会说这个学校不好。

马国川：在您看来，高等学校并不存在根本问题。

张　杰：我不认为高等学校存在一些根本的问题，刚才我讲的那些都是可以解决的问题。中国的高等教育就是在解决问题的过程中发展自己的，同时在实践新的具有中国特色的高等教育理念。中国的高等教育是在不断发展中发现问题的，是在不断解决问题中发展的，同时也在不断创造出自己的高等教育理论。在未来的十几年里，我们要有选择地学习，同时更多地实践，走我们自己的路。如果说在过去的三十年里我们的经济发展还有不少榜样可学的话，那么在未来的十几年里我们走的路在很大程度上要靠我们自己探索。中国高等教育在快速发展中不断地自我更新，不断地调整前进的方向，不断地借鉴外国高等教育的理论和实践经验，已经在这过程中探索出了一条路，现在已经明显地能看到大方向是正确的。在未来的十年，中国的高等教育一定会走出自己的路，一定会创造出自己的高等教育理论体系。中国的高等教育理论体系也是世界高等教育理论体系的一个重要组成部分。

马国川： 共识大于它的独特性，不是说我们是一条完全不同于他人的路。

张　杰： 有一句话说得蛮好的，我们不能用西方的高等教育完全来套中国。比如说，大学都按哈佛大学来建一定建不成，因为每个大学都有自己的特色。

看到问题容易，批评问题更容易。批评当然是有用处的，但是如果只是批评而不去想办法改进的话，那这就对社会的发展没有好处。所以我很感动，现在有一批比较年轻的大学校长认真地在实践过程中推进教育改革，在发现问题的过程中推进教育改革。我相信，经过十几年的实践，一个不同于任何国家高等教育模式的中国高等教育模式大概会建立起来，中国的高等教育理论也会研究总结出来。我们在解决自己存在的问题的过程中，一定会走出自己的路！

（本文根据录音整理，未经受访者本人审订）

采访时间： 2009 年 8 月 25 日

采访地点：上海 闵行区 上海交通大学

王树国

放权高校，依法治校

王树国 人物简介

王树国，1958 年 10 月生，河北献县人。1973 年 6 月参加工作，哈工大博士、教授、博士生导师。1987～1989 年曾在法国巴黎国立高等工艺学院进修，回国后继续在哈工大机械系任教。1993 年被破格晋升为教授，被国家科委聘为“863”计划智能机器人专家组副组长。历任机器人研究所副所长、哈工大机电学院副院长、哈工大副校长、党委常委。1999 年调任黑龙江省科委主任、党组书记。2000 年 6 月任黑龙江省科学技术厅厅长、党组书记。2002 年至今任哈尔滨工业大学校长。

采访手记

2008年的“两会”期间，我和我的朋友《中国改革报》记者赵庆国一起跑了会场，但是收获不大。因为与会代表大部分都是官员，而官员与记者的诉求是不一样的：记者采访希望得到的是“新闻”，而官员接受采访希望得到的是“宣传”。官员懂得“言多必失”，所以大多数对记者“敬而远之”。几天下来我感到有些失望，有时干脆就“泡”在中华世纪坛附近的梅地亚会议中心——这里是“两会”的新闻中心，凭“两会”的证件进去可以在咖啡厅里享受免费咖啡。

临近“两会”结束的一天下午，我和赵庆国来到西直门附近的中苑宾馆，这里是黑龙江、湖南、宁夏等代表团的驻地。我们在中苑宾馆各楼层闲转，希望能够遇到一个可以采访的人，但是空荡荡的楼道里见不到什么人。“两会”大部分议程已经结束，只等着最后的选举了。我们突然想到了黑龙江代表团的代表、哈尔滨工业大学的校长王树国，于是就决定采访他。我们来到了他的房门前按响了门铃，一位身材矮小的中年人打开门，他并没有为我们的唐突而不悦，而是热情地请我们这两位不速之客进房间，坦率地接受了我们的采访。

在教育界，王树国以敢于直言著称。他本人的经历也很独特：

哈尔滨工业大学毕业后留校工作，逐渐成长为研制机器人的著名科学家。1999年他从哈工大副校长位上转任黑龙江省科委主任，走上仕途。但是仅仅三年后，他又重回母校，担任哈尔滨工业大学校长。从此，每年8月即将走进哈工大的学生最先看到的就是通知书上的王校长的寄语："每年我都为这一刻而激动。看到风华正茂的青年才俊云集松花江畔笃志求学，我便感到哈工大的未来有了美好的延续……""大学培养之人应为渊博之人、高尚之人、引领潮流之人，此为哈工大的办学理念之一，亦为作为师长的我对于刚刚考入哈工大的同学们的希望！"

正是出于这样一种理念，在很多场合都会听到王树国关于大学发展、关于人才培养、关于文明传承的呼声。2006年，在大学校长论坛上，王树国说："我是研究机器人的，希望机器越来越像人，但作为校长，我担心把人培养得像机器。""按照控制论的原理，在设计一个系统的时候，不能把整个系统的命脉都放在一个节点上，因为一旦这个节点崩溃，整个系统都将全部崩溃。不能千军万马都过独木桥，让我们的孩子从幼儿园开始就瞄准考大学这一张卷子。""同样，高等教育也需要变革生产关系，从而解放它的生产力。"这些声音引发了很多关注教育的人的思考，其中也不排除争议。

我们的采访进行了两个多小时，王树国的真诚与坦率令人感动。出乎我们意料的是，这位理工科出身的大学校长对教育问题的观察和思考非常深入，远超过教育界的许多人士，他对"依法治校"的追求更是明确而执着。遗憾的是，我一直没有把采访记录整理成稿。"两会"结束不到半年，新一届政府就开始制定《国家中长期教育改革和发展规划纲要》，听说王树国校长的许多建议都被吸纳到了《纲要》之中。可是至今《纲要》都还没有出台，于是我决心把采访记录整理成文，也算是"立此存照"吧！

或许，将来对照《纲要》和这篇访谈，我们会发现诸多令人惊喜之处？

但愿。

■

为什么出不了大师？

马国川： 钱学森先生生前多次感叹，“为什么我们的学校总是培养不出杰出人才？”钱学森先生去世后，再次引起了人们对这个话题的思考和争论。中国没有大师，新中国成立后出不了大师。作为大学校长，您怎么看待这个问题？

王树国： 为什么出不来大师？因为土壤不行啊，一块盐碱地怎么能长出好苗来呢？当然，有了好的土壤不一定能长出参天大树，但是种子再好，盐碱地也长不出好苗子。所以，我们首先要改造土壤，营造出一个能够培养出大师的环境。人们都把西南联大称为奇迹，为什么那么艰苦的环境里能够培养出那么多的大师呢？因为西南联大具备了人才成长的基础环境，而现有的大学成长不出这样的人才，这里面既有大环境的问题，也有小环境的问题。

马国川： 大环境是怎么样一个环境呢？

王树国： 我记得改革开放之初，整个社会对知识分子都非常尊重，现在还有几个崇拜知识分子的？没有了。现在表面上崇尚科学，但是在市场经济条件下，并没有形成真正的崇尚科学的大环境。大家瞧得起的是有钱的人、有权的人，而不是有知识的人。科学家、工程师算什么呀？还不如个小老板呢。这种价值贬值跟当年的“读书无用论”虽然程度不一样，但危害是一样的，是非常可怕的。一个民族，对知识的淡漠和不屑是非常可怕的。所以从大环境来说，我觉得它不仅是个办学的问题，而且还是整个民族的精神内涵问题。如果一个民族不把知识作为追求的内涵的话，那么这个民族就很危险了。怎么体现这种追求呢？在社会的重要岗位上、社会财富的分配上，越有知识的人越得到社会的尊重。现在反过来了，越没知识的人越横着膀子走，越有知识的人反倒要溜着墙根走路，这是不正常的。

马国川：在这样的大环境里，很难让大家去崇尚科学、崇拜知识，即使有大师也很难获得赏识。

王树国：去年我到欧洲访问，和丁肇中先生一起聊了很长时间，给我的感触很深。他说，你给我找两个学生，但是有一个条件，必须是热爱物理学、热爱实验的，必须要有一生的准备，准备把自己的一生奉献给实验，这有可能会有大的成绩，但也可能一事无成。这就是一个大科学家、一个诺贝尔奖获得者的人才标准。丁肇中先生说，当年我就是这样的，我喜欢这个，我想搞明白宇宙是怎么来的，为什么会产生宇宙，宇宙最原始的、最基本的粒子是什么，我带着浓厚的兴趣克服了一切困难去研究它，至于待遇、生活，我什么都不去管。

马国川：对这样的人，社会要给他足够的生存空间和生活待遇，以确保这些人能够去研究。

王树国：恰恰美国社会给了他这样的机会，所以他成了诺贝尔奖获得者。如果在我们的社会里，哪有人给他提供这样的条件？这就是我说的土壤。土壤没提供这样的养分，就不可能生长出这样的苗，更别说参天大树了。社会并没有提供适合大科学家成长的环境，这就是问题所在。

这可能和我们的发展阶段有关系。现今社会，工程技术相对来说会好一些，和市场联系比较紧密，社会需求比较旺盛。搞人文科学、社会科学、基础科学的人就感觉到很迷惘。我到处招数学专业毕业的博士生，招不到，因为国家每年那么多的数学博士都改行了，要么到银行去，要么到证券交易所去，收入又高，待遇又好，又有很好的数学基础。我也不反对学生的个人选择，但是反过来说，我很痛苦，我们数学这个分支靠谁延续下去？没有人了，逼得我们和莫斯科大学联合搞数学。

马国川： 像当年“两弹一星”的科学家那样献身科学、为了理想可以舍弃一切的氛围已经没有了。

王树国： 没有了。在年轻人的心目当中，不是崇尚科学、崇尚理想，而是完全为了生存、为了谋生、为了改变命运而奋斗。个人很渺小，很难承受这种大环境的干扰，即使一颗好苗子，但待在盐碱地里，也会受到周围环境的侵蚀，最后必然夭折。

马国川： 这是大环境，那么小环境呢？

王树国： 从小环境来说，这就是种子的问题。我们有没有良好的种子？如果只有劣质种子，那么土壤肥沃也没有用。

马国川： 这个问题又牵涉到教育体系的问题。

王树国： 小学、中学到大学，整个育人的过程缺了很多东西。这个过程和外部的大环境又有一定的影响。现在的孩子从上学开始就被教育得只有一条路：考大学，并且考名牌大学。为什么考？不知道，没有目标，也没有理想。只有考上了大学，孩子才有出路，至于孩子将来干啥和我没关系，把孩子个人的兴趣、对知识的追求等全给滤掉了，就剩一条路——考大学。本来孩子终究要回归社会的，成为社会的一分子，就像自然界的生物一样，本来应该是在大自然中发育成长的，这才符合大自然的演化规律。可是实际上，我们人为地把孩子们放到小屋子里去了，硬生生地把他们和自然割裂开来了，按照我们为他们预定的目标去培养。当我们把他们送到社会上时才发现，他们根本没有生存能力。所以我说，现在的培养方式就是“圈养”，就像家养的鸟，健康不健康？检查身体，什么指标都健康，但一旦放回大自然，就死掉了。

马国川：实际上，社会环境比起自然环境来又复杂得多。

王树国：学生回到社会上所面临的环境远远要比小环境复杂得多，而且是从来没有见过的。所以现在的学生走出校门、走向社会的时候很恐惧、很茫然，无所适从，不知道怎么面对这个社会。因为他们从来没有了解过、参与过这个现实世界，没有体验，所以走出校门的一刹那非常迷惘，而社会又没有足够的力量去帮助他们渡过这段迷茫期，所以很多学生就在走出校门、走向社会这个过程当中，在很短暂的时间里就几乎把他们的一生都耽误了，非常可怕。

■

我们在培养理念上存在着很多问题

马国川：现在的大学和社会脱节了，那么为什么原来的大学不存在这个问题？

王树国：就拿我们这一代人来说吧，上大学之前下过乡、插过队，对社会的复杂程度、对社会的人情世故已经吃得很透了，在社会历练中产生了强大的求知欲，要改变人生，要为社会做贡献。我们走进校园后拼命地学，将来要干什么，以及为什么要学，心里都非常清楚。短短四年后，在社会上如鱼得水，能够把所学的东西灵活地运用到社会工作之中，这就是“圈养”和“散养”的区别。另外，目前的大环境不太好，社会把学校边缘化了。

马国川： 社会把学校边缘化了，这如何理解？

王树国： 我们自己都没有搞明白为什么要办学校，好像约定俗成，每个国家都要学校，孩子们要上学，不办不行。问题是，为什么要办学校，学校在社会中的功能是什么？尤其是高等学校，它是孩子们走向社会的最后一道门槛，应该和社会紧密地联系，可是我们没有把这些弄清楚。在这个意义上说，社会把高校边缘化了。培养人的地方处在社会的边缘，走向社会的时候高校不管、社会不管，这样学生走出校门的时候是非常痛苦的。他们如果悟性好，也许会在社会实践当中发展出来，而如果高校和社会都主动地给他们一个桥梁，我想他们或许会成长得更快和更好。

马国川： 为什么高校和社会越来越脱节了？

王树国： 因为高校现在是麻雀虽小、五脏俱全，所有的东西都自我供给，完全封闭了，学生介入社会几乎很少。这个小环境和社会是完全不同的。实际上最好的培养方式是让孩子们去接触社会，必须要让他们在真实的环境当中去解决问题。我们在培养孩子的理念上有些问题，现在孩子一碰一哭，领导就受不了，马上就追究“你为什么没管好?”校长怕磕着怕碰着，那就别让孩子走路了，天天抱着吧，结果孩子越来越不会走路。高校为什么自己搞模拟“小社会”？一个原因是政府没有承担起相应的责任。学校的后勤应该是社会提供的，一个城市要有足够的房间供学生租用，以解决大学生的住宿问题。还得保证大学生有足够的补贴，能够让他们维持生活。社会还得提供足够的打工岗位，能够让学生们去打工。不能让学生们老围着学校打工，学校有多少活值得打工？就这么个学校，岗位都满了，说白了，打工也都是假的，就是变相给学生们一点点补助，那叫什么打工？白浪费了时间。如果是真正的社会实践，学生在弥补生活费用不足的同时还会接触社会，会获得很多东西。学生要自己出去勤工俭学，就像中国留学生到国外要到饭馆里去端盘子一样，说是谋生，实际上是接触了社会，了解了人情世故和生活的艰辛。

马国川： 这些都是书本上学不到的，但是对以后走入社会、融入社会是非常必要的。

王树国： 但是我们现在就唯恐孩子摔着，一哭，爷爷奶奶就制约，当父母的没办法就得天天抱着，抱了四年，说现在你的任务完成了，孩子应该走向社会了，应该让他自己跑了。突然孩子不会跑了，爷爷奶奶又生气了，他为什么不会跑？培养四年都不会跑，你责任哪儿去了？这四年你根本就没教他跑，他能会跑吗？

再比如学校学生，按理说 18 岁以后就成年了，在社会上成为独立法人，要自己负责任了，你是成年人嘛，你的行为要自己负责任。现在还了得，如果有一个学生吃的饭菜不好了，或者想不开跳楼了，领导左一个批示右一个批示，校长忙得团团转。一个学校几万学生，靠“死看死守”

的方式不解决问题，只能让学生越来越脱离社会。所以我认为，我们在培养学生的理念上存在着很多问题，但是目前谁也不敢放，为什么？社会体制不成熟，没有接纳能力，出点事领导左一个批示右一个批示，几个方面交织在一起，这个扣解不开。先解哪儿？是先让社会主动解决一点，还是学校主动解决一点？

马国川： *好像无解一样。*

王树国： 实际上这个问题是一个全面推进的过程。政府有义务承担责任，为贫困家庭的学生提供学生公寓，家庭状况好一点的学生可以自己租房子，租房子也是一种锻炼。可是现在都要学校负责，盖房子，建食堂，饭菜涨价学校要拿钱补贴。什么都是学校自己的问题，如果一个校长能稳得住，那还行，稳不住了，就可能走歪道，开始乱收费了。有的办企业没赚几个钱，还把学校折进去了。

马国川： *您的观点是，应该在政府统一协调下解决这些问题？*

王树国： 对啊，因为牵涉的因素太多了。其实，也不难解决，全世界所有的国家都能解决，就中国不能解决？解放前哪有学生到学校必须住校的？毛泽东当年不也是到处租房子吗？解放前中国都能解决，现在就不能解决了？说不过去。中国人的适应能力不行，那怎么出了国都适应了呢？到国外怎么都乖乖地租房子了，在国内怎么就不行？只要我们用心，这就是一个可以解决的问题。第一，它不是政治路线问题；第二，现在我们国家有这样的经济实力；第三，我觉得这可能和我们国家的法治建设有很大的关系，政府的职责是什么，搞不清。你看现在农村合作医疗，一夜之间又恢复起来了，这比高校难多了，不也解决了吗？如果哪天领导一重视，说大学生住宿的问题、大学生社会锻炼的问题，各地方政府都必须解决，您瞧，一夜之间就解决了。这些问题怪得很，和目前我们干部的指导思想有关系，领导重视什么我就干什么，领导不说我就不干。

放权给高校

马国川： 现在的大学校长许多都是上世纪77、78、79级的大学毕业生，老一代大学校长由于年龄的原因逐渐退出历史舞台，新一代的人在接棒。

王树国： 基本上都是1977年以后的。有些人很不错，但有些人的才能并没有得到很好的发挥，也可能在摸索，也可能想法很美好，但是脱离了学校的发展历史和特色。作为大学的领导者，不是说有学问就能做大学校长的。中国的大学校长比国外的大学校长难当多了，因为国外的大学处于成熟期，所有的规章制度都是非常健全的，学校正常运转，只需要解决学校当下面临的突出矛盾就行了。比如说，一个学校最近的经费状态不太好，就可能聘用一个非常有筹资经验的人做校长，任务就是解决学校的财务问题，期满该干啥干啥去了。或者学校出现了种族问题、民族问题，就聘任一个管理型的人才，把学校的规章制度重新梳理一下。

马国川： 总之，是在成熟阶段就一些具体问题进行一些微调，所以选人就特别有针对性。中国现阶段的大学校长和国外大学的校长是完全不同的。

王树国： 中国的大学就像一艘到处漏水的大船，什么问题都得解决。

我们这些校长在完成国外大学校长既定任务的同时，可能还要花费更多的时间去解决一些本来和学校无关的问题。比如离退休，这是咱们国家所有的单位都共同面临的问题。离退休问题必须解决，问题是谁养？现在是学校自己养。工资国家给一小部分，大部分需要学校想办法。因为国家人事部规定，离退休的必须得给多少多少钱，但是国家财政部拨钱，按一个人头大概一千块钱一个月拨钱，剩下的学校去自筹。学校又不是盈利单位，是公益单位，按理说所有的经费应该花在教学上、人才培养上、教学研究上，没有这份额外的工资。校长也不是企业家，上哪儿去整钱去？为了发工资，就得从这里扣一点，那里扣一点，政策性地挪用、挤用教育经费。还有一条道就是走歪路，把眼睛盯在学生身上，降分收钱。为什么出来乱收费啊？这是一个恶性循环。

马国川：包括新上一些热门专业，也是为了收钱。

王树国：还有，离退休老同志的住房问题得管，老年大学、老年人文体生活也得管。这些原本是社会应该解决的，但社会没有这个能力，所以现在吃喝拉撒都得管着。校长在做什么事？在做一个街道办主任的事。这是大学校长该干的吗？

马国川：大学校长的主要任务是培养人才、搞科学技术研究，可是现在一个大学校长有很多职责之外的东西，牵涉到相当多的东西。

王树国：在中国现阶段，解决问题有两种方式：第一，政府主导，一下子就铺开了，这是一个方面。第二，“放水养鱼”，给大学足够的空间，让大学自己去闯。中国的民营经济蓬勃发展，不是哪个政府领导想起来的，都是老百姓自己靠自己的聪明才智发展起来的。高校也是这样，要么政府不允许走向社会，一切包起来；要么给足够的空间，自己去闯路子，或许高校就能够走出一条不同特色的路子来，把问题解决了。我觉得这两条路都可以。政府管吗？政府也没有明确表示；即使大学想自己走也不敢，现在没有得到明确的指示，那么多学生，出一点问题都会引起社会动荡。现在处在这么一个阶段，但是我想这个阶段不会太长。我认为，最后还是应该政府主导下的适度放权给高校。我一直主张选择一些试点，放权让它们去试一试。

马国川： 如果选择试点，高校自己能尝试什么呢？

王树国： 怎么能够让学生在四年的学习期间有足够的时间去了解社会、参与社会，最大限度地降低对社会的恐慌感，不至于在社会和学校这个交界面上产生不适应。学校要满足社会不同层次的需求或者社会不同行业的需求，需要给学生打通渠道，让社会有时间、有条件去选择人才，也让学校有一个渠道能够通过社会对学生的反馈来弥补自己培养的人才的不足。

马国川： 搞大学改革试点，就是搞一个“教育特区”，关键是放权。邓小平搞改革的关键也是放权。

王树国： 在教育改革上，当前关键是放权。像政府改革一样，学校应该责权适应，有什么样的责任就给什么样的权力。我担任校长后，学校第一件事就是放权。我们学校院长们大多是学术带头人，都是知名教授，我说，把你们经常给学校提的那些意见汇总汇总，涉及学校方方面面的职能权力的，我现在把这些权力给放下去，人权、财权都放下去，同时放下去的也有责任。我就剩下个宏观调控。不用你催，他们自己就着急了。大家都把心思放在工作上了，把心思都放在学科上了。对自己负责的同时，实际上把学校的利益和个人的利益都联系到一起了，当你对自己负责的时候，实际上也是对学校负责。一个真正聪明的校长应该是最大限度地去调动大家的积极性，因为一个人的力量和智慧是有限的。通过什么方式能够把大家的积极性发掘出来？必须要给适当的权力。这就是一种生产关系和生产力的关系。突然有一天一回头，我发现我们学校的学术水平提高了那么多。其实这变化是静悄悄地发生的，这就有点像当年农村的承包责任制，没有人督促种苞米、养鸡养鸭的，但是静悄悄地，农村就发生了巨大的变化。

马国川：虽然都在说改革，但是一些部门权力不但没有下放，反而有一种集中权力的倾向。

王树国：这是一个必然现象，有时候站的位置、角度不同，认识就不同。在集中权力者看来，他不是在保护权力，而是在承担责任。我必须要这样做，不这样的话，我就渎职了，我就成千古罪人了。利用权力中饱私囊者属于不法之徒，不法之徒不可怕，最可怕的是认为自己做得对，但实际上和客观发展并不相吻合，不适应社会发展。不识庐山真面目，只缘身在此山中。让部门之中的人站在国家的角度去改变自己的观点，很难。所以，改革必须要有一定的强制性或者法律性，单靠自觉性改不了。改革需要立法，以法律的形式来强迫社会接受。实际上改革就是两条路：一条是看准了就立法，这是强制性的；另一条是看不准，就放权。

马国川：看来，中国教育改革的关键是得放权。能不能真正把权力放下去，这是核心问题。

王树国： 两件事：一个是放权，一个是立法。中国的大学得有法。

■

依法治校

马国川： 立法？现在不是有《高教法》吗？

王树国： 现在的《高教法》是 1998 年制定的，很粗，只是一些原则。主要是太粗，有很多现在的法律问题在《高等教育法》里找不到依据，于法无依。需要针对现在的中国大学的现状进行修改，制定更具体的法律法规。你看，现在中国大学有几个有章程的？中国的大学办了这么多年，把章程给办没了。为什么一定要有章程？有了章程，才能冷静地坐下来思考哪些该有哪些不该有。没有规矩，不成方圆。现在我们没有规矩，不出事才怪呢。什么叫规矩？谁也说不清，问领导，领导说有那么多规矩呢，你去查吧。有那么多文件，文件之间可能还相互矛盾。你就得坐下来，认认真真地考虑一下大学到底是个什么样子，哪怕不成熟，没关系，首先得有个章程，不断地修改，但现在，几乎绝大部分的大学都没有章程，就是有章程了，也不是一个真正意义上的章程。

马国川： 在大学里，章程相当于宪法。

王树国： 我们学校 1952 年制定的章程写得非常简明扼要，一目了然，一看就是一个标准的大学的基本构架，只要按照章程做就可以了。

马国川： 章程是谁制定的？

王树国： 是 1952 年建校时的老一辈们提出来并制定的。校长什么职责？下面设哪些职能机构？职责是什么？章程里说得一清二楚，俨然就是宪法，按它去做，不可能超编，也不可能出现那么多闲人。中国大学发展到现在，从物质基础条件建设来看，已经到了历史上的最好时期了，这时候应该坐下来，在法律的层面上认真考虑，冷静地去梳理应该去掉哪些，应该保留哪些。一是给大学领导层一个约束，不能胡作非为；二是真正建设民主办学的体制，无论老师还是学生都知道，学校的章程就是法律，大学是倡导民主的地方，无论学生还是老师都应该去遵守，谁违法也不行。

马国川：现在许多人都在批评高校越来越严重地官僚化、行政化了，这其中的原因在哪儿？怎么解决？

王树国：客观意义上讲，中国的大学现在还不是一个很成熟的大学，正处在发展的过程之中，你说的大学衙门化、行政化，更多地体现在那些更不成熟的学校身上。可能我对这方面了解得比较少，因为我接触的这些学校中都属于理工科一类的，这些学校不能说没有行政化的色彩，但相对来说，它还没有足以构成对学校伤害的程度。因为在这些学校里，专家学者的力量足够强大，老学术权威们敢建言献策，校长想胡作非为，教授委员会一讨论就可能给否决了。就像我们哈工大，要做一件事，得各级教授委员会讨论了才行。不过因为就是这样也总还有不同的意见，所以最后还得校长拍板，但是这种拍板一般不会出大错，无非这个方案好一点还是那个方案更好一点。但是如果想作威作福、为所欲为，把一个学校给衙门化了，这是绝对不允许的。

马国川：在你们学校有点特殊，好像教授委员会发挥的作用还挺强的。

王树国：当然强了，我们是一个规范化的大学。比如说招聘教师，第一关就是教授委员会，几人同意，几人反对，都必须记录在案的，然后学校人力资源委员会召集各方面的专家再过一次，层层把关，最后由校长办公会决定。选院长和系主任，全体教师要投票，教授委员会也要投票，然后才上升到学校组织部，民意怎么样，谁得票率最高。院长、系主任竞选要向全院的教师讲我上来以后准备怎么做，我认为现在存在什么问题，将来我上来准备怎么改变这些问题。

马国川：看来教授委员会在学校的权力很重。

王树国：因为教授是学校的基础啊！

马国川：一般学校也都有学术委员会，教授委员会不一定有。

王树国：《高教法》规定成立学术委员会，学术委员会在某种程度上是介乎于学术和行政管理之间的。为什么我一直主张建立教授委员会呢？因为教授委员会必然是纯学术的，不是教授不能进来，即使是校长，如果不是教授，对不起，教授委员会中不能有你，这样就保证了学术的自由发展。有个教授委员会，权力分立，各级领导层不能胡来，因为至少有一个相互制约。学校所有的运作，尤其是学术问题，必须要经过教授委员会讨论才能保证学校的学术能够健康地开展。如果笼统地说学术委员会，系主任、党委书记也可以进啊，这就非常模糊了。世界上的著名大学都有教授委员会，但没有什么学术委员会。

马国川：我宁肯把哈工大看成一个特例。有两个问题：一个问题是教授委员会，《高教法》里面制度安排上根本不存在，别的学校也没有这些传统。第二个问题是校长是不是真正的聪明校长，也是一个关键，有的校长（因为校长现在仍然是任命制）不需要对学校负责任。

王树国： 你说得也对。关于校长的责任心，有权力就应该有责任。

马国川： 问题是，到底为谁负责？这是个根本问题。

王树国： 国外也有很多从一个学校到另外一个学校当校长的，但是前提是，他必须要对这个学校负责，而且这个学校应该能够接纳他。

马国川： 一个是能接纳他，一个是能监督他，干不好，还有权罢免他。现在有些高校，老师敢怒不敢言。

王树国： 有的时候干群关系比较紧张，因为他不受监督，或者监督力不够。学校行政机关过于官僚化等现象，需要一点一点地消化它，最终目标是要实现依法治校。“法”既包括国家层面上的法律，它应该明确依法办学，明确学校有哪些自主权。“法”也包括大学的章程。章法一定要规定，它是办事的基本依据，是依法办学的关键。学校的教师编制应该有多少，学生应该有多少，机关人员应该有多少，都要明确。章程可以限制学校胡来，老师们有权根据学校的章程来要求学校当政者怎么做，学生也应该知道章程，章程中都有很好的表述，学生也知道为什么学，学完之后能够实现什么样的目标。

马国川： 立法之后关键就是执法，中国的问题就是执法不够严。

王树国： 第一，要让人知道该做什么。第二，做成做不成得有个说法，有科学的评价体系来规范官员的行为，这样官员才能尽心尽力，否则法律就等于形同虚设。

■

大学不是培养工匠的，也不是培养工具的

马国川：改革开放三十年来，教育改革不是特别顺畅。有教育界人士批评说，二十世纪九十年代以后中国的教育发展了，但是没改革，或者说改革滞后于发展。

王树国：高等教育还是有了很大的发展，至少从实力上来讲，现在是新中国成立以来高等教育发展最鼎盛的时期。

很难说是高校自身发展的结果，应该说是社会的发展给了高校一片天地，是社会进步的结果。从自身来说，我们有很多不足的地方，中国的高校远没有达到成熟大学的程度，至少很多大学连个章程都没有。就像企业没有企业章程一样，人家说你这叫什么企业？虽然是一纸东西，但是它是办企业的一个法律依据。另外就是刚才我们提到的关于高校和社会的问题，社会应该承担哪些责任，教育行政部门和高校办学实体之间的关系，政府应该承担哪些责任，学校应该承担哪些责任，这些都没有一个明确的说法，权力和责任不清楚。所以，中国的高等教育还是处于快速发展阶段，处于过渡阶段，因为于法无依，比较容易产生混乱。要修改《高教法》，要把一些该说清楚的问题说清楚，再不说清楚就要影响发展了。包括哪些权力该给学校，哪些权力该给政府，哪些责任该给社会，包括大学生的就业问题、培养质量问题、学术民主问题，等等，说清楚了，就于法有据了。

马国川：有人强调，高等教育是“堡垒”，轻易动不得。

王树国：社会动乱是中国社会发展过程中的最可怕的一颗榴弹，千万别爆发，一爆发，整个中国经济全完了。从这个角度来说，教育改革相对滞后一点，也有客观原因。但是现在我认为那个阶段已经过去了，现在高校相对是比较稳定的。这个时候应该实行改革，跟上整个国家改革的步伐，至少现在高等教育改革的步伐相对经济发展来说是滞后了，或者说是满足不了社会经济发展的需求了，这个时候高校改革的步履应该大一些，跟上整个社会的发展，要不然本来你是一个前导力量，这下成了滞后力量了，和整个社会发展又显得脱节了。对此，大家会有些怨言、会抱怨，我认为这也是个好事，从另外一个角度来说，看出来现在我们有些地方不适应社会发展需要，是需要变革了。

马国川：一个时期里，医疗和教育是受批评最多的两个领域。现在医疗改革在积极推行，人们期望教育改革也能够尽快开始。

王树国：教育是最大的民生，需要下决心解决问题。我们可以看环境污染问题，早先在英国和日本都曾经有过一段时期环境极度恶劣，但只要政府下定决心，大概需要十到二十年的时间，整个生态就改变过来了。

马国川：大自然自我修复的能力很强，但教育恐怕不是这样简单。

王树国：教育不像种树，树不好可以伐掉，而教育要对一代人负责，一代人培养不好，后续影响特别大。经济要发展，社会也要协调发展，各级政府应该重视高等教育，别把教育当成包袱，花点钱别像割肉似的。为什么要立法？一方政府不仅要对经济负全责，对医疗、社会保险、教育都要负全责。

马国川：从大学自身来说，应该做什么？

王树国：不同的高校也有不同的层面。因为中国的社会发展历史比较复杂，农业社会没有完全完成，还是小农经济，新中国就成立了，建立了工业基地。后来还没有建成现代化工业呢，知识经济就又来了，又必须应对知识经济的挑战，这就等于小学生、中学生、大学生一块上了。

王树国：这就给教育出了个难题，得顾及到方方面面，既要提高农民的素质，完成农业现代化的过程，又要培养工业现代化的人才，还要应对知识经济和高新技术的挑战，培养顶尖的科学家搞创新，带动高新技术产业的发展。不同层面的学校承担着不同的社会责任，完成不同的社会使命。如果每个学校都建博士点，就乱套了。但是要给它们希望，不能在评价时说："你连个博士点都没有，你算什么好学校？"如果评的就是本科教育，有博士点没有博士点根本不考虑，因为你的定位就是面向社会需求的，因此做好了，你就是No. 1，也予以表扬，也给予支持，这样大伙儿的积极性就高了。

马国川：不同层面的学校承担着不同的社会责任，可是现在的大学都在向一个方向上挤。例如，几乎所有的大学都向综合方向发展。哈尔滨工业大学原来主要以工科为主，现在不也向综合方向发展了吗？

王树国：这是必须的。社会上有很多人对教育不是很理解，大学是一个培养人才的地方，不是培养工匠的，不是培养工具的。大学对学生是一种能力的培养，人文、经济等专业都应该有，否则学生得不到这方面的熏陶，专业再好，但是没有完整的综合素质。不过，大学在向综合方向发展的过程中，也不能否认出现了很多问题，例如，硬搞"大而全"，什么专业都要上，什么也不出色，结果本来很出色的专业也没有真正发展起来。发展归发展，但是要有度。度是非常非常巧妙的东西，既是政策也是策略，对于学校发展非常重要。不管怎么发展，但有一条不能动，那就是支撑一个学校发展的最根本的东西——特色——不能变。所有的努力都应该是为了让特色更强，而不是淹没它。比如我们哈尔滨工业大学是重点航天院校，我们希望培养出来的人才将来成为航天领域的领军人物，所以在传授航天专业知识的同时，要让学生具备领导才能、团队精神，懂得经济、哲学、政策等等。大学在向综合方向发展的过程中，规划非常重要。在国外，一所大学如果上一个新专业的话，都不是从零开始的，这样成活率很低。一定要有一个很好的发展基础，新学科一般都是在原有的基础上往下延伸的，或者是交叉学科，而且一般在五到八年的时间内能保证新学科在这个国家是一流的。

马国川：近十年来大学向综合方向发展，竞相上马新学科，恐怕也有国家政策导向的作用。

王树国：你说得很对，评价体系起到了推波助澜的作用。评价体系面面俱到，各学科都有评分，最后看综合得分，学科分布不完整的就吃亏了。这个导向是存在一定问题的。

马国川：社会上也有各种各样的评价体系。

王树国：坦率地说，一些评价体系是不负责任的。中国的行政权力很大，大学和政府一样，领导者掌握着很大的资源，影响着发展方向。作为校长应该知道社会需要一个什么样的大学，不能跟风，跟来跟去就把自我给丢失了。作为一个完整的人格，应该有自己独到的地方，要相信自己，不要受外界环境的影响，更不能好高骛远、见异思迁。

马国川： 现在的问题是，真正头脑清醒的能够做到“咬定青山不放松”的校长太少了。

王树国： 学校的发展需要外力推动，但更主要的是在于自身，如果它自身丧失了追求，那么这个学校就没有前途了。好不好还是看内在，不在于“名”。这么多年麻省理工现在还叫“学院”，但是谁都知道人家是世界顶尖的。

所以，我们需要一大批献身教育的教育家。我们在评价教育家的时候，评价标准并不是很客观的。有时候就看硬件水平怎么样，看他盖了多少楼多少房子，看他给大家拉来多少钱。这都不是内在的，真正内在的是他的办学思想和理念。一个在专业领域里有成就的专家未必就是一个好校长。清华大学的梅贻琦，很难说他是一个真正有成就的专家学者，他也当不起院士的称号，但是谁能说他不是一位杰出的教育家？教育本身也是一门科学。教育家和企业家一样，都是难得的人才。现在企业家的形象树立起来了，名头很响亮，但是教育家始终是羞羞答答的。中国应该大张旗鼓地表彰教育家，给予他们相关的待遇，只有这样才能引导有志于教育的人安心教育事业。

（本文根据录音整理，未经受访者本人审订）

采访时间： 2008 年 3 月 17 日

采访地点： 北京 中苑宾馆

侯建国

坚守大学的核心价值观

侯建国人物简介

侯建国，中国科技大学校长。物理化学家，中国科学院院士，第三世界科学院院士。1959 年 10 月出生于福建平潭。1978～1989 年在中国科技大学学习，获凝聚态物理专业博士学位。1988～1995 年，先后在前苏联科学院结晶学研究所电镜实验室、中国科学院福建物质结构研究所、美国加州大学伯克利分校、美国俄勒冈州立大学化学系从事科学研究工作。1995 年起任中国科技大学教授，先后任中国科学院结构分析重点实验室主任、中国科技大学理化科学中心主任。2000 年任中国科技大学副校长。2008 年 9 月 25 日起至今任中国科技大学校长。

采访手记

我对中国科技大学仰慕已久。小时候就听说，这里是神童聚集的地方，“少年大学生班”名扬全国。近年中科大少年班再次成为众人瞩目的焦点，因为媒体披露少年班首批学员里大名鼎鼎的“神童”宁铂如今出家为僧，于是“少年班是培养人才还是摧残人才？到底还要不要办下去？”的讨论在校园内外激烈展开。因此，当我走进中国科技大学的校园里时充满了好奇，甚至期望能够遇到一位天才少年，但是静谧的校园里几乎没有什么人。失望很快被惊奇所取代，双臂环抱、面含微笑的郭沫若，静静沉思的华罗庚、严济慈、钱临照、钱学森、郭永怀……这些大师们的雕像掩映在花木丛中，每一个身影都让我肃然起敬，我不由得慢下脚步。梅贻琦先生曾言，“大学者，非大楼之谓也，乃大师之谓也”，这些雕像也似乎都在无言地提醒着人们，这是一所大师比大楼多的学校。

走到一条小路的尽头，我发现一片小树林，每一棵树上面都挂满了金灿灿的小圆果，像橘子，细看又不是橘子。我一边惊奇于保护得这么好，一边好奇地伸手要摘一枚看看。突然听到不远处有人喊了一声，急忙缩回手，循着声音看去，一个民工坐在一条长椅上注视着我。我不好意思地点点头，然后讪讪地走过去，坐在他的身边。他告诉我这是枇杷树，他的工作就是看护这些果实。旁边的一位中年妇女也加入了我们的对话。她的气质颇像一位家庭妇女，她告诉我，她是来陪读的，她的儿子是中科大二年级的学生。出乎意料的是，她不是外地人，而是家在合肥。她担心孩子打电脑、玩游戏，才来陪读的。更不可思议的是，类似的陪读者还有很多。

怀着复杂的心情，我走进了办公大楼，开始了对中国科技大学校长侯建国的采访。这位朱清时的继任者不但是中国科学院院士，而且还是全国人大常委，他坦率地谈了对大学问题的认识，对话深入而愉快，超出了我原来的想象。由此我得出一个结论：中国的大学校长有想法的并非少数，关键在于他们是否愿意开口。

■

大学没有准确的定位

马国川： 看简历，您还是全国人大常委。

侯建国： 还有好几个大学校长也是全国人大常委，而全国人大代表里面以及政协委员里面还有更多的大学校长。

马国川： 这或许从一个侧面说明，大学在国家里的地位越来越重要，它培养的人才、构建的知识、传播的理念对这个国家越来越重要。作为大学校长，您认为大学最可贵的是什么？

侯建国： 最可贵的是要有胸怀、有雅量、有容人之量。如果说文科院校需要包容的话，那么理科院校更需要包容。因为科学的探索有更大的不确定性，尤其是它更需要创新，往往年轻人有新的想法、有激情，能够做很多很好的工作，但是他们可能没有相应的学术地位，没有足够的舞台，这时候更需要支持他们、包容他们，为他们提供成长的空间。

马国川： 包容，也包括包容失败。

侯建国： 一定要包容失败。理科不可能通过炒作、通过语不惊人死不休的做法来引起大家的注意，而是更需要“板凳宁坐十年冷”的精神踏踏实实地工作和探索，这其中就包括失败的探索。

马国川： “板凳宁坐十年冷”的精神需要一种自由的环境作为保障，但是近年来大学里有一种浮躁之气，让许多人很难沉浸于学术探索之中。

侯建国： 近年来大学的负面新闻比较多，和这种浮躁之气有很大的关系。十几年来，中国大学的发展是有目共睹的，外国的大学校长都非常羡慕和钦佩。另外一方面，国内对大学又有诸多不满意的地方。当然，问题是存在的，这和我们的发展阶段有关系。在过去，大学在中国是一个象牙塔，它相对独立，跟市场没有很明显的结合，政府给所有大学的经费基本上都是一样的。改革开放以后，中国迅速地发展，自然而然地对培养人才的重要机构——大学——给予了很高的期望，期望大学尽快发展、供给人才，这就需要加大投入。投入的来源变了，不再一样拨款，政府实施各种工程，包括“211工程”、“985工程”等，让各学校竞争。在经费有限的情况下，让一些大学先发展，培养国家急需的人才，提供发展的经验，我觉得在发展的时期这样的做法也是无可厚非的。当然，在这样一个过程中，大学要获得更多的发展资源，不可避免地会互相竞争。而资源又是以一种工程性或者计划性的方式来分配的，可是，知识的创造、教育的功能是不能够以某种价值或者某种指标来衡量的。

马国川： 也就是说，很难用一个看得见的尺度来衡量。

侯建国： 所以拨款体系的弊端越来越显现出来，并产生了矛盾。比如美国的大学，无论是公立的还是私立的，固定的经费可能占到整个办学经费的百分之六七十，只有百分之二三十是由竞争和捐款得来的。而我们反过来，从政府拿到的固定的生均教育经费只占大学整个经费的很小一块，大部分经费是要靠竞争得来的，而这部分经费主要还是来自于国家。国家设立的各种工程都是竞争性的，大学办学经费不够，就要靠竞争性的渠道获得经费，进入了某种“工程”，就意味着有了更多的钱。竞争的过程中，如果度把握得不好，就忘了大学是干什么的，就把大学本来的使命和根本任务忘掉了，或者把大学的使命和根本任务放在一个不太重要的位置上。

马国川： 为了完成某一指标、达到某一目的而动员学校所有的力量去争取资源。

侯建国： 舍本逐末，就会造成很多问题。比如教育质量不高的问题，按道理来说，中国十三亿人，一年培养出七八百万大学生，怎么就找不到工作呢？可是近年来又确实出现了大学生就业难的问题，为什么？社会上也不断指责大学生的培养质量问题，可是很少有人真正地去研究和思考什么叫培养质量？

马国川： 不同的学校应该有不同的质量标准，质量的标准应该是多元的。

侯建国： 大学一窝蜂地扩招，政府也要求大学要尽可能地扩大高等教育的学生培养数量。国家需要知识创新，需要人才，大学要大量培养人才，简单地说这都是对的。但是大家轰轰烈烈地做这个事情的时候很少认真地分析一下，国家需要的人才的知识结构是什么？大家都按照过去的经验来办大学，按照“文革”前的精英教育模式办教育，把它简单地扩大了十倍，这就成问题了。过去是精英教育，教育理念、培养模式和对象都有其独立的规律。但是精英教育转向大众教育的时候，大家只往前走，把过去的精英教育的模式扩大到所有的大学，培养的人千篇一律，所有大学都要博士点和硕士点，都要研究型，都要按照研究型来培养，就出问题了。

马国川： 实际上，研究型人才只能是少部分，培养研究型人才的大学也只能是少数，是大学里的金字塔。

侯建国： 对，大学要分类，大部分大学要培养适应社会需求的职业型的人才，以及安心于各个行业工作的高级技术人才。当然，在培养现实的实用人才之外，大学还要为未来培养人才。为什么大学重要？同时它还有一个很重要的功能，就是为社会创造知识、引领社会的未来，因此还需要培养一些精英阶层，他们具有前瞻性的眼界和能力，能够成为未来社会各个领域的领袖人才。培养这些人不是满足社会的现实需要，而是为了引领这个社会往前走。这种人不能太多，也不可能多，如果说大家都按照这样的方式来培养太多的人就会出问题，最后这些人也找不到合适的位置，而且他们本身也达不到那种水平。高不成、低不就，就会产生很大的问题，包括对这些学生本人来讲也是一种非常痛苦的付出，对社会和他的家庭更是不必要的成本。

马国川： 现在社会上为什么对大学有批评，说到底，还是因为大学培养出来的人不太适合社会需要。

侯建国： 为培养一个大学生付出的成本很高而又得不到回报，自然就会对大学培养出的学生质量产生很大的怀疑，说你学生的培养质量不高。我觉得学生培养质量不高，最关键是大学没有准确的定位。说大学学生培养质量不高，还不如说是它没有培养出合适的人才，输送的学生不适合现代社会的需要。

马国川： 质量高不高，是很难用一把尺子衡量的。

侯建国： 对不同的大学来说，无所谓高和低，因为培养的人才本身的出口就不一样。如果一定要按照同样的尺度来衡量，既不公平也不科学。

■

大学是个小社会

侯建国： 另外，就是现在很多大学中的人也比较浮躁，说到根源，也还是因为政府的行为在某种程度上影响到了大学，大学在追求很大的目标、追求完成任务的时候，其行为又影响到了一部分或者相当一部分的老师，他们以短期内能出更多的论文、出更多的成果为目标。因为现在很多考核和教师的待遇、职称挂钩，他们围着这个打转，以为这就是他们的价值导向。学术研究是需要坐冷板凳的，但是在现在这种情形下，很难使人能够耐得住寂寞，而是心情浮躁，急于求成。这就跟体育比赛一样，心态不够沉稳，动作就会变形，就容易犯规。大学教师也是如此，心态一着急，就容易犯规，就容易不按照学术规范做事情。

马国川： 在市场化的社会里，大学本身把握不住，另外体制本身也要求大学中的人急于求成。

侯建国：对，大学受到政府的影响比较大。政府希望大学发展，也希望拿一个可考核的指标来衡量大学的发展。换句话说，政府在决定投入的时候，还是习惯性地以GDP概念来衡量大学的工作：大学到底要投多少钱，要告诉我你能做到什么。

马国川：于是大学纷纷提出“世界一流大学”的目标，不管自己有无实力和可能。如果说中国的经济发展是政府主导型的，那么大学的发展同样也是政府主导型的。

侯建国：校长是政府任命的，钱是政府给的，政府主导必然很强势，政府的目标直接影响了大学。所以，我认为，大学的生态的改善和良性循环，特别是学术生态的改善和良性循环，单靠大学是做不到的。板子全打在大学身上也不公平。十年之内，中国大学的教师起码扩大了五倍，在迅速扩张的过程中很难保证不出一些问题。虽然现在对知识分子有这样那样的负面评价，但是我始终认为，中国的知识分子、大学里的大部分教师还是最好的，是中国最吃苦耐劳、最价廉物美的一批人。不管现在有多大问题，三十年来，没有大学培养的人才以及以前积累的人才的支撑，中国的经济奇迹般地发展到今天是根本不可能的。大学的人才培养、功能和成果是支撑中国发展的一个最根本的基础。今天能够在国际舞台上非常自信地代表中国人、代表成长的中国和自信的中国去和世界打交道的人，大多数还是大学培养的。大学不仅给了他们知识，最重要的是给了他们能力和品格。在科研上，我们要求的是国际上的对比，不可能中国关起门来自己搞一套，人才的竞争是国际的，虽然大学的待遇有很大的提高，但是到现在为止，国内大学的待遇远比不上国际水平，即使跟香港比也有很大的差距。

马国川： 差距有多大？

侯建国： 就以我们中国科技大学和香港大学来说吧，教授收入大概差五到七倍。但是我们的科研水平跟香港的大学有这么大的差距吗？没有。最近《泰晤士报》有一个大学排行榜，评了亚洲的大学百强，香港大学、香港科技大学都在前十，内地大学有三所，其中北大排在第十，清华排在第十五，科大排在第二十四。前十、前二十的差距应该不是太大。但是从办学条件来看，特区政府给香港中文大学一个学生的投入是十五到十八万港币，科大招一个学生政府给我们是八千元。

马国川： 差了将近二十倍。

侯建国： 培养成本肯定不可能有二十倍的差距，我们的办学经费不足就要找钱来补这个窟窿。中国的大学有一个很大的负担，就是退休人员要管，家属要管，大学校园里除了火葬场之外什么都有。国家在转型过程中，需要每一个社会的单元都对社会的转型和安定承担责任、分担成本。大学也要承担这个成本，都得管，不能推到社会上去，要自己消化。问题是，国家给我们这样的高校定的目标是跟国际上最好的大学去竞争，可是我们在追求这个目标的时候却是带着包袱去的。

马国川： 香港特区政府把教育经费给学校就不管了，让学校自己去办学。

侯建国： 香港的大学拨款占到大学运行费用的百分之八十多，当然大学校长就可以潜心办学，基本费用已经有了，需要思考的是怎么把这些钱用到最需要用的地方去。可是在内地，我们要跑到外面去找钱，找这个部门找那个部门，争取这个专项争取那个专项，不可能对教育的问题和校园内的很多事情有充分的思考，这是非常遗憾的和无奈的。

■

大学应该坚守的底线

马国川：以前大学的费用基本上是一样的，可是现在呢，各学校获得的资源极不平衡，差距全方位拉开了。大学发展是非常不平衡的，这可能也是太注重效率而忽视公平的结果。

侯建国：科学研究是非常昂贵的事业，必须花费巨资，否则的话怎么和国际一流的大学竞争？但是不可能所有的大学都去做国际一流的研究型大学，大学要分类，要有不同的定位。美国的大学也分几个层次，一般的社区学院、州立公立大学就是教学型的大学，教学是主要任务，主要培养实用型的人才。有了这个定位以后就很安心，就不会去和哈佛、耶鲁比投入。哈佛和加州理工学院的经费也比一般大学要多好多，但是老师工资是差不多的。

我今年在“两会”上就提案建议，过去的欠债太多，国家的教育资源配置应该要有区域的协调、平衡，对中西部要有倾斜投入。国家的战略资源投入不能够完全以市场化的形式配置，如果国家的教育资源配置都集中在了几个城市和几所大学，那永远都是“马太效应”。

马国川：有限的几所大学办得再好，也解决不了中国的问题。

侯建国：任何一所大学发展再快，学科再全，都解决不了社会所有的问题。但是所有的大学都把自己最擅长的事情做好了，那么整个国家的问题也就解决了。所以，每所大学应该找准自己的定位，做自己最擅长的事情，并把它做好。即使必须得去竞争，必须根据政府的要求去做一些事情，但关键也还是要坚持按照教育规律办事，按照认定的价值观来做事。所以我们没有去扩招，我们的定位一直是培养科学技术的人才，而不是去变成一所综合性的大学。到底我们该招多少人？数量服从于质量，这样我们就能集中我们的有效资源争取最大的效益。我们可以非常自信地说，中国科技大学毕业生的表现一点不比北大、清华的差。

马国川：近年大学出现的诸多问题根子在于没有尊重教育规律。

侯建国：没有尊重学术，没有对学术的敬畏，我们过于相信行政的力量，过于相信市场的力量。实际上，有比行政力量和市场力量更长久的、更有力的一种力量，那就是文化的力量。现在的金融危机爆发，恰恰就说明了市场的力量是有限的。

马国川：行政的力量也是有限的，行政也会出问题。

侯建国：行政当然也会出问题，这是大家不用怀疑的。过去我们过于相信市场的力量，甚至在办教育的时候也过于相信市场的原理。市场的一个基本原理是等价交换、利益最大化，但问题是，很多知识、文化的东西是无法用金钱或者价格来衡量的。所以说，如果我们能够更清醒地认识到这一点，那么我相信大学就会往好的方向发展。同时，大学也不能回避问题，我们要认真面对，勇于改革。我认为，大学一定要认识到自己的根本使命和任务是什么，这就是应该培养人才，学术应该是第一位的，尊重学术，尊重人才，尊重教育规律。

马国川： 这是一个最重要的使命。

侯建国： 我们也呼吁社会、呼吁政府给大学的发展提供更好的空间，为学者、为大学提供一个宽松的空间。同时，大学也应该坚守自己的底线，不能回避问题。例如，大学对学术腐败应该是零容忍，绝对不能手软，不能说还有人剽窃得比我更过分，为什么不去抓他而来抓我？我们在讨论宏观问题的时候，可以更全面地分析问题，要求给大学发展创造更好的、更宽松的环境，但是对于具体的问题，像学术腐败问题，就不能说因为这是制度的问题就可以容忍。

马国川： 以制度为借口的容忍，这种容忍就是纵容。

侯建国： 对，而且会毁掉大学的精神和学术至上的传统，那就很危险了。

马国川： 学术共同体首先要做到洁身自好，而不是随波逐流，更不能以别人存在问题作为自己也可以“出轨”的理由。

侯建国： 大学有很多压力，但是压力再大，在学术腐败问题上都不应该回避和容忍，应该及时公布并严厉惩处，因为这影响到大学的根基和大学的发展。钱很重要，但是最重要的是社会公众对你的尊重和信任。

马国川： 古人说：“人必先自重，而后人重之；人必先自侮，而后人侮之。”

侯建国： 美国的大学教授收入肯定不是最高的，在美国这样一个极端市场化的国家里，美国大学教授也是大锅饭终身制，一旦提到了正教授，就不能开除。为什么？就是希望能够给大学保持一个比较好的学术自由度。但是我们现在社会上发生一些事情，就会找一些教授到电视台去发表看法，大学教授的看法会被认为是比较公正的、理性的、科学的，会被公众普遍信任。我觉得这个地位是很难得的，也是金钱买不来的。我国的大学要恢复在社会和公众心目中的地位，才能更好地培养人才、引领社会。

■

现在是到了解决问题的时候了

马国川： 您说大学要恢复在社会和公众心目中的地位，这让人颇多感慨。在上世纪八十年代之前，社会对大学教授这个群体还是蛮尊重的，但是这些年，对这个群体的社会认知度确实受到了很大的冲击。

侯建国： 过去为什么大家很尊重大学教师？“文革”前，一个大学讲师就不得了了，更不要说教授了。现在呢，大学教授的门槛低了。十年之内，中国大学的教师起码扩大了五倍，在迅速扩张的过程中很难保证不出一些问题。如果把这个过程拉长到五十年，问题就会少一些。可是中国发展这么快，难免会产生一些问题。不过，把一些问题暴露出来也是好事，现在是到了解决问题的时候了。

马国川： 高等教育发展到今天，高速的、超常的发展阶段应该结束了。

侯建国： 对，下一步就是调整结构，各大学重新定位，提高教育质量，培养社会所需要的各种人才。

马国川： 经过一个飞速发展阶段之后，大学应该进入一个良性的制度建设阶段。

侯建国： 中国确实需要建立现代大学制度，关键就是坚守大学的核心价值观。理念是最重要的，没有先进的理念，很容易走偏的。比如说近年来一些大学热衷于硬件建设，拼硬件、比规模、拼豪华。如果论中国的国情，我觉得未来五十年中国还是发展中国家，大学的发展还是要充分考虑到我国的国情，如果太豪华就会脱离中国的现实条件，人家审视的眼光就会不一样。全球资源紧缺，美国的生活方式是比较危险的，地球是不可能承受这种发展模式的，必须要变。我们要找到第三条道路。一方面是科学技术的突破找到了更多的新能源，利用新的科学技术可以解决一些能源短缺的问题，但是保护环境的问题最重要的是生活方式的改变，而节约型社会、可持续发展的理念要由大学来引导，不应该往另外一个方向引导。

马国川：改变人的生活价值观。

侯建国：生活方式的改变以及发展模式的改变。金融危机预示了美国式的生活方式是不可能持久下去的，中国必须有另外的发展模式和生活方式，这靠谁来引导？要靠大学知识分子来引导，要提倡一种更好的、更健康的生活方式和发展模式，而不应该比规模、拼豪华。

马国川：某些学校走到歧路上去了。

侯建国：校园的建设不是为了让大家看得漂亮，校园的设计应该让学生和老师有最近的距离可以交流，不同学科的老师有最好的、最方便的交流与合作方式，学生能够最方便地见到不同学科的老师，学校的老师和工作人员能够最方便地见到校长，这可能是最好的方向。当然，大的校园很漂亮，我也很羡慕，但是没有的话我们也不见得整天没有信心。我们科技大学校园不大，只有八百亩，我觉得我们小校园有小校园的好处，它方便。一个学生可以在一个小时里敲三四个教授的办公室，物理系就在一百米左右的距离上，化学系的教授在两百米或者五百米的距离内就很容易找到。如果太大了，他可能骑自行车要骑很久。思想的交流、火花的碰撞，很多时候是在人们不经意的接触、闲谈中产生的。

马国川： 搞豪华校园，实际上疏远了人与人之间的关系。

侯建国： 以后我们要把科大变成一个无车校园、健康校园，把绿化再加大一下，把路再修小一点，汽车都不进校园，把校园还给人，人是校园的主人。

马国川： 在新的发展阶段，大学至少要面对两个问题：一个是检查过去发生了哪些需要解决的问题；第二个是面向未来，思考如何构建一个真正合理的现代大学制度。

侯建国： 要建立现代大学制度就要坚守大学的核心价值观，有了核心价值观和使命的坚守，就会建立一套相应的制度，比如说招生制度、科研评价制度、教师晋升制度，建立的制度就比较科学，就真正能够跟国际一流的大学接轨。

马国川： 这些年社会对大学问题的批判也是好事，促使我们思考这些问题。

侯建国： 社会的批判也促使大学冷静。我们也在找问题，为什么大家都对我们不满意？从过去的为人师表、非常受人尊敬，为什么到现在就变成了这样的尴尬境地？我们都在找原因。我们怎么样从自身做起？这都会对大学的发展提供良好的认识基础。

还有一个很重要的问题就是要重塑大学教师的职业责任感和自豪感，要让更多的教师以教育为生涯，而不是以教育为职业，教育是一生献身的事业，而不是变成一种谋生的手段。只有当大学更多的教师以教育为生涯、把教育家看做自己的目标的时候，或许人们看我们的目光才会充满敬意。前几天我们学校保卫处说学生宿舍里丢东西，要在各个学生宿舍里安摄像头，我坚决不同意。我说，不要过于相信技术，任何的技术手段都不可能保证所有的事情。最重要的是，你装了这个东西以后，给同学什么样的感觉？同学是多好的关系，不要因为一次偷盗就把整个大学里同学之间的关系变成了防范的关系，这样不行。不要一进门就告诉学生，这里有人监视着你，同学之间都是不可信任的。这怎么行？大学里有很多很多东西是不能简单地用一些技术的或者市场的方法来解决的，大学是培养人的地方，而培养人的工作是非常复杂的，是需要细心的。可能有时候一个老师一句话就会毁掉一个学生的一辈子，但也有时候一个老师的一句话就会激励一个学生的一辈子。

马国川：以教育为生涯，而不是以教育为职业，大学校长也应该是这样的。做校长不是为了当官，而是一个教育家，以教育家为自豪。我们现在的选拔体制和任命体制确实存在这样一种不太好的倾向，即大学校长严重行政化。

侯建国：我同意把大学校长的行政级别取消掉，其实我根本不在乎这个职位，根本不在乎是不是副部级，我是发自内心的，不是唱高调。如果真正有一大批非常好的教育家出来，可能大学的问题就要少得多。政府和社会要给教育家宽松的空间，相信他们。

马国川：信任最重要。

侯建国：大家都知道高考是非常敏感的话题。中科大少年班已经三十年了，社会上对少年班有不同的看法，这没关系，可以讨论，但是至今为止没有任何人质疑少年班的招生是否公平。对少年班的招生，我们学校有绝对的权力。教育部从来没有制定过任何标准，都是我们自己掌握的，由教授委员会来决定，可是从来没有以个人依靠领导关系进了少年班的，从来没有过。这说明什么呢？

■

以自信和从容来直面问题

马国川： 现在大家都非常关注大学和市场的关系，在您看来，怎么处理大学和市场的关系呢？

侯建国： 现在的大学已经跟过去的大学不一样了，它不再是一个象牙塔，不再是一小部分精英分子在那里做学术研究的一个机构，而是要求大学为社会发展提供方方面面的支持，大学对社会的作用要比过去深入得多。社会有这种需求，大学就要适应它，这是大学的责任。大学在运行过程中每天都要跟市场打交道，而且这些市场有些是很好的。政府给我们投入也要考虑投入与产出，这都是必然的。但是大学在跟市场紧密接触的同时也利用市场的一些规律为自己服务的时候，一定要有一个非常清醒的认识，不要迷失在市场的丛林之中。就是说，大学有很多东西不能完全以市场的价值来判断，同时也要对市场的很多东西保持一定的隔离度。

马国川： 既要融于市场，又要清醒地独立于市场，保持清醒的头脑。

侯建国： 市场只考虑眼前，但是大学有一个很重要的使命就是要考虑未来，除此之外还要考虑人类的一些基本价值、文明的传承、文化的发扬。度掌握得好坏，很可能就决定了一所大学能不能成为一所一流大学的根本。处理好了，就可能上去；处理不好，就可能走入歧途。

马国川：在市场力量、行政力量面前，大学校长的作用非常重要。我们需要一批真正有操守、有思想深度、有行动能力的教育家。

侯建国：校长肯定会对大学的发展起很大的作用，但能够保证大学更好发展的还有教授治学，他们可以保证大学校长作出正确的决策。比如在扩招的时候，我们学校遇到了很大的压力，因为科大有一个很好的文化传统，大家都认为质量高于数量，这样就帮助校长减轻了很多压力。在其他学校，校长决定不去借钱可能会让他下台，但在我们学校，如果校长坚持不去借钱大家也能接受。当时朱清时校长提了一个问题，我们现在最缺的是楼呢还是最缺人？我们把楼盖起来干什么？对此有一些教授也是有一些意见的，但这都很正常，这种舆论还没有强烈到要让校长去改变他的理念的地步。

马国川：在转型时期，大家总是有一种焦虑，不知道什么时候才能转入一个制度运行良好的社会轨道上来。

侯建国：我相信中国很多事情的发展都会比我们预料得快，我在十三年前回来的时候，根本没想到今天中国的科学研究水平能够达到这个水平。在世界上，现在我们属于二流，但是在有些领域已经快接近一流了，比如说量子信息、高温超导、纳米，在国际上都是很有声誉的。我们的量已经赶上来了，任何事情的发展都是先有数量后有质量的，我非常有信心。我们的积累才二三十年，西方国家已是几百年的积累了，而且人家也很努力，又有很好的传统，也不比你懒，你凭什么这么快赶上去?

但是我们缺的是在一些真正创新的、能够引领科学领域发展方向方面的科学成果，以及真正能够推动经济巨大进步的一些技术。现在我们还没有产生，但是这往往是不可预见的，说不准突然哪一天就有突破了。就像日本，日本的起飞就在上世纪六十至七十年代，那时它也没有什么特别表现突出的地方，就是很刻苦、很努力，但是到了七十年代的时候突然一下子就起飞起来了，然后就是全面起飞。后来日本的经济有了一定的实力，科学家、政府就开始考虑未来的和长远的问题，再过了二十、三十年就收获了。现在日本的诺贝尔奖持续不断，最重要的是很多获奖的日本科学家都是受本土教育的，都是在本土的实验室里成长起来的，有的获奖者甚至连英语都不会讲，从来没有留过学。这就说明了积累土壤最重要。让大学变成一个可以创新的肥沃土壤，让所有的种子都能够在这里找到合适的发芽机会，这就要求学术上不要有太多的行政干预，因为你看不准哪个人真正能够有突破。

马国川： 行政力量更没有办法判断。

侯建国： 行政力量最重要的任务就是把氛围营造好，把大学变成一块创新的土壤，让学生、老师都能在这块土壤里找到足够的营养，能够自由成长。对于大学来说，最重要的是要遵循教育的基本规律。对于政府来说，同样如此。中国要走到世界前面，要从“中国制造”变成“中国创造”，还得靠人。中国的知识分子还是最好的一批，要相信这批人。他们都经受了很好的传统教育，非常有社会责任感，对国家很忠诚，这是不用怀疑的。

马国川： 信任的力量是强大的。

侯建国： 对。如果把权力交给他们，他们可能也处理得很好，就像行业工会一样。要相信中国的知识分子，要相信大学。我也承认，一下放开可能不太好，但是对一些有很好文化传承的并有良好信用的传统大学，给它们更多的空间，相信它们是完全应该的。要相信大学教授，他们内心里对大学的责任感和骄傲，他们对教育理念和传统价值观的坚守，是不会因为一些经济原因或者其他原因而轻易改变的。如果不相信这一点，光看到问题而不去找后面的根源，不从根本上寻求办法，那么对解决问题是没有好处的，反而可能给中国的未来带来更大的问题。

大学的发展也是一个不断形成传统的过程。为什么说百年老校就有底气、很沉稳，社会上怎么变，政府怎么更迭，它都是以非常从容的态度对待很多事情？因为它见过的事情太多了，就像哈佛等世界名校，培养的总统就有那么多，培养的伟大科学家也那么多，所以就非常从容。中国要成为大国，不光是大学要从容，政府也要学会从容，要以自信和从容的态度来直面问题，理性地思考解决之道。

（本文根据录音整理，未经受访者本人审订）

采访时间： 2009年5月18日

采访地点：中国科技大学

图书在版编目(CIP)数据

大学名校长访谈录/马国川著．-北京:华夏出版社,2010.1
(马国川名家访谈系列)
ISBN 978-7-5080-5606-7

Ⅰ.①大…　Ⅱ.①马…　Ⅲ.①高等教育-研究-中国
Ⅳ.①G649.2

中国版本图书馆 CIP 数据核字(2009)第 240608 号

大学名校长访谈录

马国川　著

策　　划:李雪飞
责任编辑:李雪飞
出　　版:华夏出版社
(北京市东直门外香河园北里 4 号　邮编:100028　电话:64663331 转)
经　　销:新华书店
印　　刷:北京圣瑞伦印刷厂
装　　订:三河市万龙印装有限公司
版　　次:2010 年 1 月北京第 1 版
2010 年 2 月北京第 1 次印刷
开　　本:670×970　1/16 开
印　　张:19.75
字　　数:235 千字
定　　价:29.80 元